Katrin Hoffmann

STRALSUND-KOCHBUCH

Geschichten und Rezepte aus der Hansestadt

STRANDLÄUFER
VERLAG

Umwelthinweis:
Alle bedruckten Materialien dieses Buches
sind chlorfrei und umweltschonend.

2., erweiterte Auflage 2010

Originalausgabe August 2009
by Strandläufer Verlag® Peter Hoffmann • Stralsund

Umschlaggestaltung: Irina Stein • Grafikagentur
Titelfoto: Petra Sandmann • Stralsund
Illustrationen: Jan Pioch • Stralsund
Layout: Irina Stein • Grafikagentur
Druck: Hoffmann-Druck • Wolgast
Made in Germany
ISBN 978-3-941093-05-8
www.strandläufer-verlag.de

Willkommen in der Hansestadt Stralsund!

Wo man viele Gäste empfängt, wird reichlich aufgetragen. Und wo man hart arbeitet, wird auch gern getafelt (und gebechert). Daran dürfte sich seit der Hansezeit wenig geändert haben.

Es gehört zu den hanseatischen Tugenden, auch Schwächen einzuräumen. Geben wir es also freimütig zu: Eine Stralsunder Küche in des Wortes engerer Bedeutung gibt es natürlich nicht. Wir sind nicht in Paris oder Wien, noch nicht einmal in Berlin. Aber gut gekocht und gern gegessen wird auch am Sund. Und zwar am liebsten Fisch und Schwein. Dazu Tüften und Wruken (Kartoffeln und Steckrüben), Bohnen und Kohl – aber bitte den Speck am Gemüse nicht vergessen. Die süßen Suppen – im Sommer aus frischen Erdbeeren oder Kirschen, im Winter aus Trockenobst – unbedingt mit Mehlklütern (das sind kleine, ungeformte Klößchen). Alle Soßen und Ragouts süßsauer abgeschmeckt, am besten mit Essig und Rübensirup. Letzterer macht auch die Braten so schön knusprig und glänzend. Das Brot eher dunkel als hell, dafür das Bier lieber hell als dunkel. Dann gibt es da noch solche merkwürdigen Sachen wie Tollatschen, Fischkartoffeln, Boworskis und Prasselkuchen ...

Sie merken schon: Es gilt allerhand Küchengeheimnisse zu entdecken. Und dazu kurzweilige Geschichten, die die Stralsunder gerne preisgeben, wenn's ums Essen und Trinken in ihrer Heimatstadt geht. Viele sind überliefert von den Großeltern her, Geschichten wie Rezepte. Daran haben Betriebskantinen und Schulspeisung zu DDR-Zeiten nichts geändert. Obwohl sich auch da leckere Sachen erhalten haben. Heute wird zudem reichlich experimentiert mit all dem neumodischen Kram, der in den Kaufhallen – pardon, Supermärkten – angeboten wird. Und was in der Region wächst und gedeiht, steht wieder ganz hoch im Kurs, ob Bio-Rind oder wilder Sanddorn.

Woher man alle diese leckeren Rezepte bekommt? Man muss die Stralsunder nur danach fragen. Die Gastronomen und Hobbyköche, die Eltern und Geschwister, die Großmütter in den Feierabendheimen und Seniorenclubs. Und was selbst die nicht mehr wissen, das ist bestimmt im Stadtarchiv Stralsund aufgehoben: eine wahre historische Fundgrube, auch für Nachforschungen kulinarischer Art.

Also: Lassen Sie sich überraschen von der Stralsunder Küche. Viel Vergnügen beim Schmökern und Nachkochen! Alle Rezepte – von den Autoren im Selbstversuch getestet und für gut befunden – sind für vier Personen berechnet.

Und noch einmal:
Herzlich willkommen in unserer Stadt sagen
Katrin und Peter Hoffmann

Von Pfeffersäcken und armen Schluckern

Postkarte des Stralsunder Rathaus-Bierkellers (Inhaber Franz Klemm) mit der Darstellung eines mittelalterlichen Stadtfestes, Poststempel 1907. *Quelle: Stadtarchiv Stralsund*

„Dürch de Kehl geht väl“

Wer auf der Spur althergebrachter Essgewohnheiten in die Stralsunder Vergangenheit eintauchen möchte, kommt an der Hansezeit nicht vorbei. Glanz und Gloria liegen über den Jahren zwischen 1250 und 1400, als allen Überlieferungen zufolge der Wohlstand in den Stadtmauern regierte. Von sagenhaft reichen Patriziern ist da die Rede, die man »Pfeffersäcke« nannte. Sie handelten nicht nur mit überaus kostbaren Gewürzen aus Übersee, sondern konnten sich diese auch zu ihren Speisen leisten. Gepökeltes Ochsenfleisch, gemästete Gänse, fette Hammel und gebratene Hühner kamen dort auf den Tisch. Dazu reichlich Brot und Eier, Gerstengrütze, Hafer und Erbsen. Natürlich gab es in einer Hafenstadt wie Stralsund auch in den vornehmen Häusern häufig Fisch. Als feinster galt der Lachs, auch Karpfen befriedigte den gehobenen Geschmack. Wein wurde aus den besten Anbaugebieten Europas importiert und die Weinhändler gehörten zu den angesehensten Bürgern der Stadt. Auch die Priesterschaft, in Stralsunder Pfarreien und Klöstern reichlich vertreten, lebte nicht von Wasser und Brot, selbst wenn sie dieses gern predigte. Mittelalterliche Synoden sind für ihre Völlerei bekannt geworden.

Das Stadtarchiv Stralsund mit seinen historischen Schätzen gibt da manches Geheimnis preis: Von einem Besäufnis am Martinsabend 1559 ist etwa die Rede, das dermaßen ausartete, dass der Bürgermeister den ganzen nächsten Tag auf der Bank liegen musste. Die alten Chroniken erzählen von ausschweifenden Fastnachtsspäßen, die der Rat nach der Reformation mit Verordnungen zu unterbinden und die Kirche mit Schelte von der Kanzel abzuschaffen versuchten. Doch die Stralsunder ließen es sich bis in die Neuzeit nicht nehmen, »Fastelawend« zu gehen und dabei kräftig zu feiern.

Bis ins 17. Jahrhundert hinein veranstalteten sie das »Maigrafen Reiten«. Ein Frühlingsfest mit Ausritt ins Hainholz, wo der Maigraf mit einem Kranz aus Birkenzweigen bekrönt und allerlei Zweikämpfe und Wettspiele abgehalten wurden. Hinterher zog der ganze Tross in die Stadt zurück, wo im Artushof die »Meygreffsköste« wartete – ein ausschweifendes Fest mit Kind und Kegel. Der Artushof in unmittelbarer Nähe des Rathauses war übrigens das älteste Wirtshaus Stralsunds, schon wenige Jahrzehnte nach der Stadtgründung für die wohlhabenden Bürger errichtet.

Oder es gab das »Herd-Abbacken« in der Neujahrsnacht, wenn der letzte Kuchen des Jahres gebacken wurde – und ein ganzes Festmahl dazu, so dass alle Bürger die Nacht hindurch schwelgten, bis sie zu platzen drohten. Auch so ein Dorn im Auge der protestantischen Kirche. Das traditionelle »Vogelschießen« hat sie indes nicht verhindern können. Erst mit der Armbrust, später mit der Büchse wurde auf den »papgoyenbohm« geschossen. Und jedes bunt bemalte Teil, das dabei herabfiel, wurde mit Trommeln und Trompeten bejubelt. War der Vogel endgültig gerupft, gab's endlich wieder Umtrunk und Beköstigung ...

Silber des Meeres

Doch natürlich geisterte durch die engen Gassen der mittelalterlichen Stadt auch Schmalhans Küchenmeister. Nicht umsonst besagt ein altes pommersches Sprichwort: »Kürste, Krum und Trockenbrot sind dreierlei Gerichte«. Der Hering war Brot und Braten der einfachen Handwerker und Dienstleute. Die Heringsfischerei in den umliegenden Gewässern erreichte während der Hansezeit sogar überregionale Bedeutung. Seit dem Mittelalter wurde das »Silber des Meeres« eingesalzen, um es haltbarer zu machen. Getreidebreie und Brotsuppe ergänzten den bescheidenen Speisezettel. Auch die ergiebigen Kohlgerichte galten als Arme-Leute-Essen.

Nichtsdestotrotz brachten die Seeleute von ihren Reisen auf allen Weltmeeren allerhand Impressionen aus fremden Ländern mit, so dass gern eine exotische Zutat oder eine Prise ungewohntes Gewürz im Einheitsbrei landen durfte. Und zu den Festtagen wurde auch in einfachen Häusern geschlemmert, was das Zeug hielt – soweit es der Geldbeutel zuließ. Der Ehrenwerte Rat versuchte mit allerhand Verordnungen dafür zu sorgen, dass die Stralsunder nicht allzu sehr über die Stränge schlugen. Offenbar neigten sie dazu, denn selbst Verlobungen, Hochzeiten und Trauerfeiern waren bis ins Detail reglementiert. In einer Hochzeitsordnung von 1310 ist beispielsweise festgeschrieben, dass kein Bürger zu mehr als 60 Schüsseln einladen durfte. Da immer zwei Personen aus einer Schüssel aßen, waren das also 120 Leute. Maximal vier Gänge durften aufgetragen werden, nach spätestens drei Stunden mussten die Hochzeitsgäste mit dem Tafeln fertig sein. Schon die Verlobungen, die damals ein bindender Akt waren, wurden bis ins Detail vom Rat vorgeschrieben. Und zwar streng geordnet nach Ständen. Die Vornehmen durften danach zwei Tische à zehn Personen laden und drei Gerichte auffahren – zwei mit großen und guten Braten und ein kleineres mit Hühnern, Tauben und dergleichen, dazu Wein und Bier. Bei den Händlern und Handwerksmeistern fielen die Verlobungsfeiern nach dem Willen der Obrigkeit schon viel bescheidener aus, nämlich nur mit halb so vielen Gästen und auch nur einem Braten plus Bier. Und die Dienstboten durften gar noch weniger Tamtam machen, wollten sie sich zusammentun.

Folgt man den historischen Aufzeichnungen, erreichten Stralsunder Totenfeiern fast den gleichen Pomp und waren so kostspielig wie Hochzeiten. Sie müssen schließlich solches Ausmaß angenommen haben, dass der Ehrenwerte Rat 1685 »Gasterreyen nach gehaltendem Begräbnuß« per Edikt drastisch einschränkte. Nur im engsten Familienkreis durfte danach noch bescheiden getafelt werden.

Deutsche Schweden

Insgesamt unterschied sich die Stralsunder Küche nicht wesentlich von der in anderen Teilen Mecklenburg-Pommerns. Manches erinnert jedoch auch an skandinavische Einflüsse, denn zwischen 1648 und 1806 gehörte Stralsund zum Königreich Schweden. Das dokumentieren beispielsweise die Aufzeichnungen des Berliner Professors für Physik und Naturgeschichte Friedrich Wadzeck, der im Sommer 1816 Stralsund einen Besuch abstattete. Nach »Schwedischer Sitte« habe man das Menü nicht mit einer Suppe, sondern mit einem kräftigen »Anbiß« eröffnet. Man reichte den Gästen Aal, Käse, Butter und Brot sowie ein Glas Branntwein für die Herren beziehungsweise ein Schlückchen Portwein für die Damen, beschrieb er. Nach dem reichlichen Essen urteilte Prof. Wadzeck: Die »deutschen Schweden« würden beim Essen übertreiben. Statt schlicht Käse und Butter kredenze man fette, schwerverdauliche Speisen, mokierte sich der Berliner Besucher. Noch heute bezeichnen sich die Stralsunder eher als »Südschweden« denn als »Vorpommern«.

Als vor etwa 150 Jahren der kommerzielle Fremdenverkehr in der Region Einzug hielt, wandelten sich die Kochgewohnheiten ein weiteres Mal. Zumindest in den Wirtshäusern und Hotels. Da gingen die Köche auf Wanderschaft bis in die Metropolen der Gastronomie. Oder im Winter zumindest bis in gebirgige Gegenden, wo es auch allerhand Leckeres zu entdecken gab. Wer daheimblieb, kochte aber weiter bodenständig und mit dem, was die Äcker, Ställe und Wälder rund um die Stadt hergaben.

Stralsunder Aalsuppe

Frisch gefangenen Aal in einem großen Gefäß mit einer Handvoll Salz »totlaufen« lassen. Dann abziehen, ausnehmen und gründlich waschen. In etwa zwei Zentimeter lange Stücke schneiden. Suppengemüse putzen und grob würfeln. Beides zusammen mit leicht gesalzenem Wasser bedecken, aufkochen und 15 Minuten ziehen lassen. Anschließend den Fisch herausnehmen und warm stellen. In den Fond die geschälten und gewürfelten Kartoffeln geben und garen. Einen Kloßteig aus Mehl, Eiern und Milch oder Wasser bereiten. Kleine Klößchen mit dem Löffel abstechen und in kochendes Salzwasser geben. Sie sind gar, wenn sie an der Oberfläche schwimmen. Abgießen und zusammen mit den Aalstücken zurück in die Suppe geben. Alles noch einmal gemeinsam kurz durchziehen lassen.

Klöster prägten von Beginn an das Leben im mittelalterlichen Stralsund. Das bedeutendste unter ihnen war das Kloster St. Katharinen, das im 13. Jahrhundert von Dominikanern gegründet wurde. Eine Urkunde weist aus, dass Fürst Watzlaw II. den Mönchen am 31. Oktober 1261 das Grundstück schenkte, auf dem man ihre Gebäude noch heute in der Mönchstraße findet. Es handelt sich um eines der ältesten Klöster im Ostseeraum. Die gotische Bausubstanz ist fast vollständig erhalten und beherbergt heute das Kulturhistorische Museum und das Meeresmuseum. Das Katharinenkloster stand in hohem Ansehen und richtete seit dem 14. Jahrhundert bis zur Reformation mehrere bedeutende Ordensversammlungen der Dominikaner aus. Dass dabei ordentlich gegessen und getrunken wurde, davon ist auszugehen. Zumal die Stralsunder Mönche über eigene Ländereien vor den Stadtmauern und einen der größten Gärten innerhalb derselben verfügten. Aber es gab auch lange Zeiten des Fastens, die der kirchliche Kalender vorschrieb. Fasten – das hieß vor allem Verzicht auf Fleisch. Dem Einfallsreichtum der Cellare und Klosterköche ist es zu verdanken, dass trotzdem genug auf den Tisch kam, was nahrhaft war und den Gaumen kitzelte. Einen Einblick in die Essgewohnheiten der Klosterbewohner gewährte ein seltsamer Fund in einem zugemauerten Mauerdurchlass. Dort fand man Knöchelchen und andere Abfälle, denn offenbar hatten die Mönche den Hohlraum als Abfallkammer benutzt. Hinter Glas kann man diese Funde jetzt im Remter des Katharinenklosters sehen.

Rahmsuppe

1 l Gemüsebrühe
1/4 l Rahm oder Schmand
4 Eigelb
4 Toastbrotscheiben
1 EL Butter
1 halber Bund Petersilie
Salz & Pfeffer

Brühe aufkochen, herunterschalten, den Rahm mit einem Schneebesen in die heiße Suppe rühren und 10 Minuten köcheln lassen. Topf vom Feuer nehmen und das aufgeschlagene Eigelb unterziehen. Mit Salz und Pfeffer abschmecken. Das Toastbrot in Würfel schneiden und in heißer Butter goldbraun rösten. Auf Teller verteilen, die Suppe darüberfüllen und mit gehackter Petersilie bestreut auftragen.

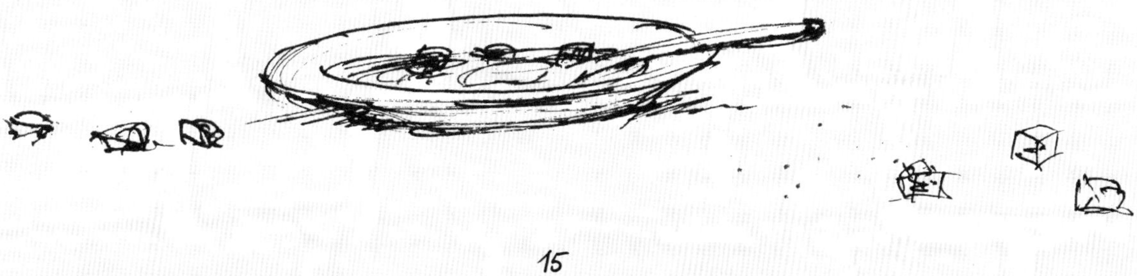

Mandelmilch war ein fester Bestandteil der mittelalterlichen Küche. Sie ersetzte an Fasten- und Fischtagen – zum Beispiel jeden Freitag – die Kuh- oder Schafsmilch. Denn der Verzehr tierischer Produkte war an solchen Tagen verboten. Mandelmilch ist tatsächlich ein köstliches, leicht verdauliches Lebensmittel. Man kann sie durchaus auf Vorrat zubereiten und einfrieren. Es lohnt sich, auch einmal Cremespeisen, Kuchen oder Kaffee-Mixgetränke damit zuzubereiten.

Kürbissuppe

Mandeln in kochendes Wasser schütten und fünf Minuten ziehen lassen. Dann mit kaltem Wasser abschrecken, so dass sich die Haut ganz leicht löst. Die geschälten Mandelkerne mit etwa einem Liter frischem Wasser in einen großen Mixer geben oder den Pürierstab benutzen. So lange mixen, bis eine weiße Flüssigkeit entsteht. Diese durch ein Gazetuch filtern. Den Kürbis schälen, entkernen, das feste Fleisch in mundgerechte Stücke schneiden, in sprudelndes Salzwasser geben und 8-10 Minuten kochen. Das Kürbisfleisch muss fest bleiben und darf nicht zerfallen. Herausnehmen und im Durchschlag gut abtropfen lassen. Mit dem Mixer oder einem Messer klein hacken. Mandelmilch und Butter zugeben und aufkochen lassen. Mit Salz abschmecken. Jeden Teller mit einem Klecks Sahne servieren.

Klackerklieben

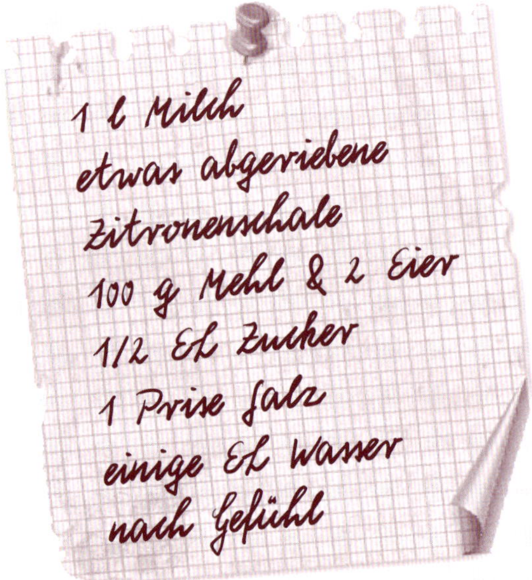

Milch mit abgeriebener Zitronenschale zum Kochen bringen. Aus Mehl, den Eiern, Zucker und Salz einen Teig rühren, der mit etwas Wasser dünnflüssiger gemacht wird. Den Teig langsam in Fäden in die kochende Milch laufen lassen. Die sogenannten Klieben auf kleiner Hitze gar ziehen, bis sie zur Oberfläche aufsteigen. Klackerklieben zum Frühstück oder Abendbrot reichen.

Haferflockenplinsen

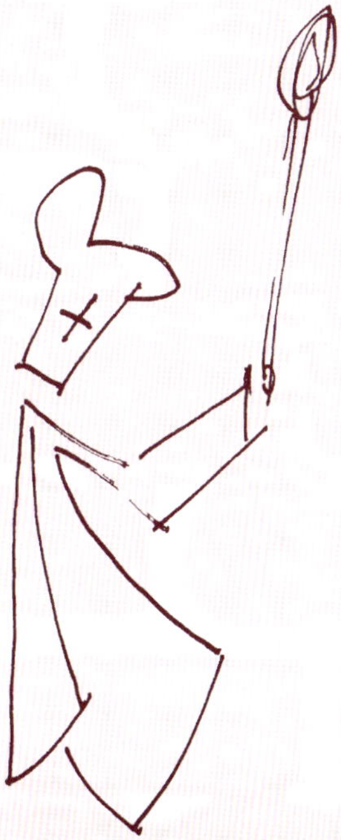

150 g Haferflocken
1/4 l Milch
1 Ei & 50 g Mehl
20 g Zucker
50 g Schweineschmalz
30 g Zucker & Zimt
Salz
20 g Butter

Einen Teig rühren aus Haferflocken, Milch, Ei, Mehl, Zucker und einer Prise Salz. Mindestens 20 Minuten gehen lassen. Schmalz in der Pfanne erhitzen. Aus dem Teig mit einem großen Löffel flache Plinsen formen und im heißen Schmalz von beiden Seiten goldgelb backen. Mit Zucker und Zimt bestreuen und mit zerlassener Butter begießen.

Gefüllte Eier im Teigmantel

- 4 Eier
- 4 Zweige Petersilie
- 4 Salbeiblätter
- 200 g Blätterteig
- 3 EL Butter
- 1 Schalotte
- 200 ml Brühe
- 1 EL Essig & 4 EL Sahne
- 1 Msp. Safran
- Salz & Pfeffer

Die Eier 8 Minuten kochen, abschrecken und im kalten Wasser etwas abkühlen lassen. Vorsichtig schälen und halbieren. Das Eigelb mit einem kleinen Löffel herauslösen, mit der Gabel zerdrücken und die fein gehackten Kräuter untermischen. 4 Eihälften damit wieder füllen, die anderen 4 Hälften daraufsetzen. Den Blätterteig dünn ausrollen und in 4 Rechtecke von 10 x 15 cm schneiden. Je ein Ei darin einschlagen, die Teigränder mit etwas Wasser zusammenkleben. Die Hälfte der Butter langsam auslassen und die Teigtaschen damit bestreichen. Im auf 200 ° C vorgeheizten Ofen etwa 25 Minuten backen. In dieser Zeit die Schalotte klein hacken und in der restlichen Butter andünsten. Mit Brühe und Essig ablöschen und auf die Hälfte einkochen lassen. Die Soße mit Safran, Salz und Pfeffer würzen und die Eier darin anrichten.

Gänsegriebsch

1 kg Gänseflomen
und Rückenfett
4 säuerliche Äpfel
2 Zwiebeln
1 Bd. Thymian

Gänsefett grob durchdrehen oder hacken. Äpfel schälen, entkernen und klein schneiden. Zwiebeln abziehen und ebenfalls würfeln. Thymianblättchen abzupfen. 2 EL Wasser in einen Topf geben und die Gänseflomen darin langsam erhitzen. Sind sie ganz verflüssigt, die Äpfel und Zwiebeln dazugeben. Alles weiter braten, bis die Grieben goldbraun sind. Zum Schluss den Thymian unterrühren. In Gläser oder kleine Tontöpfe füllen und das Schmalz fest werden lassen.

Eingelegter Hering nach Stralsunder Art

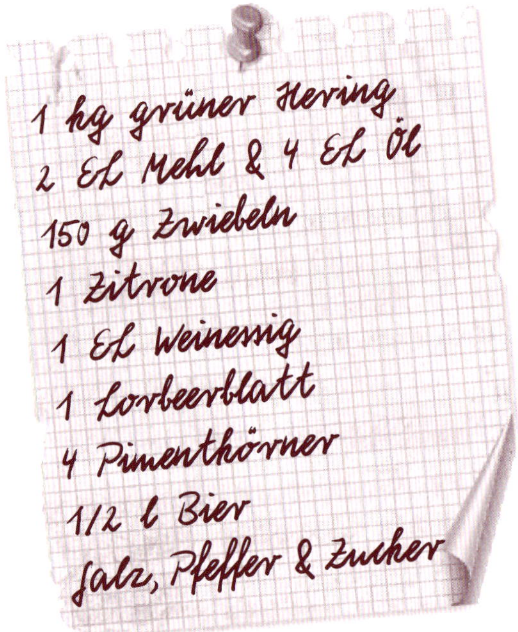

Die küchenfertigen Heringe mit Salz und etwas Pfeffer würzen, in Mehl wenden und abklopfen, dann in heißem Öl braun braten. Fische abwechselnd mit Zwiebelringen und Zitronenscheiben in eine hohe Form schichten. Einen Sud aus Bier, Essig und Gewürzen bereiten und über die Heringe gießen. Mindestens 24 Stunden marinieren lassen. Auf dunklem Brot servieren und dazu Sahnemeerrettich und Senf reichen.

Stockfisch ist durch Trocknung haltbar gemachter Dorsch oder Seelachs. Er diente in früheren Zeiten vor allem der Versorgung von Schiffsmannschaften und Soldaten. Stockfisch war im Mittelalter aber auch eine beliebte Fastenspeise, denn dank der Konservierung konnte er weit ins Binnenland transportiert werden. Die Stralsunder saßen natürlich »an der Quelle«, was frischen Fisch betraf, doch sie profitierten nicht wenig vom Handel mit Stockfisch. Er machte einen nicht geringen Teil des hanseatischen Handelsvolumens aus, wobei der Hauptumschlagplatz allerdings Lübeck war. Da insbesondere die Skandinavier bis in die Gegenwart den Stockfisch lieben, ist er auch hierzulande erhältlich – und gar nicht so übel, wird er richtig zubereitet.

Stockfisch in Knoblauchsauce

500 g Stockfisch
60 g trockene Brotkrumen
1/2 l Milch
3 Knoblauchzehen
2 Zwiebeln
1 l Fischfond
Öl

Den Stockfisch mindestens 12 Stunden wässern, dabei das Wasser mehrmals erneuern. Die Brotreste in kleine Stücke schneiden und in Milch einweichen. Zwiebeln abziehen und hacken, dann in etwas Öl leicht bräunen. Die Fischbrühe aufkochen und den Stockfisch hineingeben. Auf kleiner Flamme etwa 20 Minuten garen, dann herausheben, entgräten und häuten. Das eingeweichte Brot mit der Gabel zerdrücken, so dass es zusammen mit der Milch eine Paste bildet. Diese auf kleiner Flamme aufsetzen, die gedünsteten Zwiebeln zugeben und den Knoblauch frisch hineinpressen. Den Stockfisch vorsichtig unter die Soße heben und nochmals 12 bis 15 Minuten schmoren lassen. Eventuell mit etwas Salz abgeschmeckt auf den Tisch bringen.

Hecht mit brauner Butter

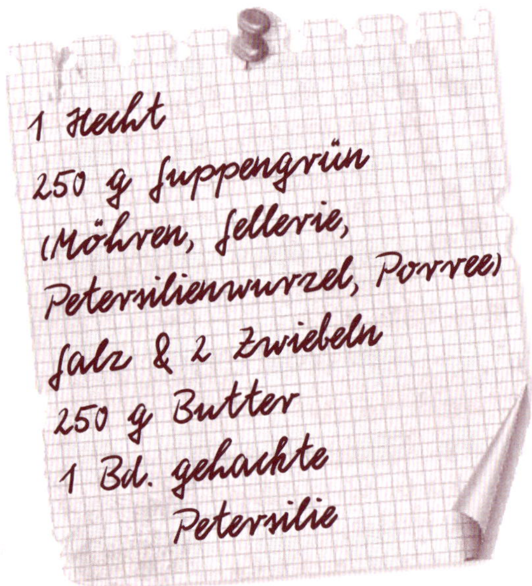

Den Hecht gut schuppen und säubern. Kopf und Schwanz nicht entfernen. Suppengrün und Zwiebeln putzen und würfeln. In einer großen Pfanne aus dem Gemüse, Wasser und Salz einen Fond bereiten und den Hecht im Ganzen darin garen. Ein 1,2 kg schwerer Fisch braucht dafür etwa 35 Minuten. Hecht auf einer vorgewärmten Platte anrichten und mit Petersilie bestreuen. Die Butter in einer Pfanne bräunen und über den Fisch gießen. Dazu Salzkartoffeln.

Edelfischpastete

- 1 kg Edelfisch (Dorsch, Lachs, Hecht)
- Salz & Pfeffer
- 1 EL Thymian, 1 EL Butter
- 100 ml Weißwein
- 4 Eiweiß
- 200 g Mehl & 80 g Butter
- 100 ml Salzwasser
- 1 Ei zum Bestreichen

Den geputzten Fisch filetieren und in mundgerechte Stücke schneiden. Mit dem gehackten Thymian, Salz und Pfeffer würzen. Das Mehl mit der Butter verkneten, nach und nach lauwarmes Salzwasser dazugießen und zu einem Teig verarbeiten. Zwei Drittel davon dünn ausrollen und damit eine gebutterte Pasteten- oder Springform auskleiden. Den Fisch hineinfüllen und mit Butterflöckchen belegen. Restlichen Teig zu einem Deckel ausrollen, die Ränder mit Eiweiß bepinseln und zusammenkleben. Aus Teigresten eine Rosette oder andere Verzierungen formen und auf den Deckel setzen. Die Pastete bei 200 °C im Backofen 20 Minuten backen. Den Weißwein mit dem Eiweiß verrühren und mit Salz und Pfeffer würzen. Die Pastete aus dem Ofen holen, die Rosette aus dem Deckel schneiden und die Soße vorsichtig durch diese Öffnung hineingießen. Wieder mit der Rosette verschließen und nochmals 20 Minuten backen.

Das Räuchern von Fischen ist seit dem 17. Jahrhundert dokumentiert. Aus der Schwedenmatrikel (Dabei handelt es sich um ein Kartenwerk mit ausführlichen Erläuterungen, das die schwedische Regierung für ihre neuen Besitzungen in Pommern anlegen ließ) für Rügen geht hervor, dass sich die Gutsherren einen Teil der Pachtzinsen in Räucherlachs bezahlen ließen. Oft spießten die Bauern und Fischer ausgeweidete und gesalzene Fische auf lange Stangen und hängten sie einfach mit in den Rauchabzug der Kochstelle. Dort hingen zuweilen auch schon die Schinken, Würste und sogar die Netze, die mittels Rauch imprägniert wurden. Der Qualm, der dadurch in den Küchen stand, muss für Augen und Lungen oft unerträglich gewesen sein. Aber: »Wat möt, dat möt ...«

Spickaal

600 g Räucheraal
30 g Mehl
1 Ei
100 g Semmelmehl
50 g Butter
1/2 Zitrone
600 g Kartoffeln
1/2 Bd. Dill

Den Räucheraal in fingerlange Stücke schneiden, enthäuten und entgräten. Die Filets nacheinander in Mehl, Ei und Semmelmehl panieren. In einer Pfanne Butter auslassen und die Aalstücke darin goldbraun backen. Mit Zitrone beträufelt servieren. Pellkartoffeln kochen, abpellen und kurz im Fischfett schwenken. Mit reichlich gehacktem Dill vermischen und dazureichen.

Sauer gekochte Heringe

- 10 grüne Heringe
- 1 große Zwiebel
- 1/2 l Essig
- 8 Pimentkörner
- Pfeffer & Salz
- Lorbeerblätter
- 1 Zweig Rosmarin

Heringe putzen, waschen und in eine Schüssel legen. Essig mit einem halben Liter Wasser mischen. Zwiebeln schälen und in Scheiben schneiden, 3 Pimentkörner zerdrücken oder grob mörsern. Beides in den Fond geben und aufkochen. Heiß über die Heringe gießen und etwa 3 Stunden ziehen lassen. Anschließend in einen Tontopf umschichten, wobei zwischen die Fische die restlichen gestoßenen Pimentkörner, Lorbeer, Rosmarin und immer wieder etwas Salz verteilt werden. Mit der abgekühlten Brühe begießen, mit einem Teller bedecken und einem Stein beschweren. Gut gekühlt sind die Heringe etwa 14 Tage haltbar und werden besonders gern zum Frühstück gereicht.

Hering Mecklenburger Art

2 kg Salzheringe
1 l Milch
1/2 l Buttermilch
4 Zwiebeln
4 Gewürzgurken
125 g Quark
10 Pfefferkörner
4 Lorbeerblätter
einige Zweige Thymian
Muskat & Essig

Hering säubern, Kopf und Schwanz abschneiden. Fische und Heringsmilch mit kaltem Wasser bedecken und über Nacht wässern. Dann abtropfen lassen und mindestens noch einmal zwei Stunden in Milch einlegen. Die Milch nicht wegschütten. Zwiebelscheiben, Gurkenscheiben, Gewürze und Fische abwechselnd in eine große Porzellanschüssel schichten. Die Milch mit Buttermilch und Quark gut verquirlen, Heringsmilch durch ein Sieb streichen und ebenfalls unterrühren. Mit etwas Muskat und Essig abschmecken und über die Heringe gießen. Nach etwa drei Stunden sind die Heringe fertig mariniert.

Dazu schmecken Pellkartoffeln.

Einen deftigen Braten konnte jeder Reisende von den Stralsunder Gasthöfen erwarten. Eine der ältesten gastronomischen Stätten der Stadt war der Ratskeller. Das Kreuzrippengewölbe stammt bereits aus der 2. Hälfte des 13. Jahrhunderts und wurde zunächst als Stapel- und Kaufkeller genutzt. Zeitweise dienten die festen Mauern auch als Gefängnis. Wahrscheinlich nach dem Stadtbrand von 1680 verwandelte sich der Ratskeller erstmals in einen Schankraum. Seit frühester Zeit diente das Gewölbe allerdings schon als Weinkeller. Bis 1757 unterstand er unmittelbar der Regie des Rates. Dann wurde der Weinkeller erstmals verpachtet an Franz Dietrich Bromberg – für 200 Taler pro Jahr plus »Luttertrank«. Der sogenannte Lutterwein wurde am Martinstag (11. November) unter den strengen Augen der Kellerinspektoren angesetzt. Er enthielt besten Rheinwein, Zucker und Gewürze, die eigens aus der Ratsapotheke geholt wurden. Am Dreikönigstag (6. Januar) trafen sich dann die Ratsherren zum reichlichen Genuss des »Luttertrankes«. Namentlich erwähnt ist dann Mitte des 18. Jahrhunderts Johann Carl Krüger als Wirt des »Barthschen Kellers«, so benannt nach dem Brauort des angebotenen Bieres. Das Stralsunder Bier hatte übrigens keinen besonders guten Ruf, obwohl es in den Stadtmauern unzählige kleine Brauereien gab. Lieber schenkte man Gerstensaft aus anderen Städten aus. Dünnes Bier wurde über viele Jahrhunderte wie Wasser getrunken. Dem Stralsunder Trinkwasser, das aus den Stadtteichen gewonnen wurde, konnte man nämlich nicht trauen. Bis in die Neuzeit war die Stadt als »Typhus-Nest« verschrien ... Gastwirt Krüger jedenfalls wurde aktenkundig, weil er auch den Bau einer Kegelbahn in dem altehrwürdigen Gemäuer plante. Was der Rat jedoch 1766 ablehnte. Selbst ohne diese besondere Attraktion blieb der Ratskeller bis 1991 als Restaurant erhalten. Dann wurde das alte Gewölbe entkernt, restauriert und nur noch für bestimmte Veranstaltungen wie den Stralsunder Weihnachtsmarkt genutzt.

Gebackener Schinken

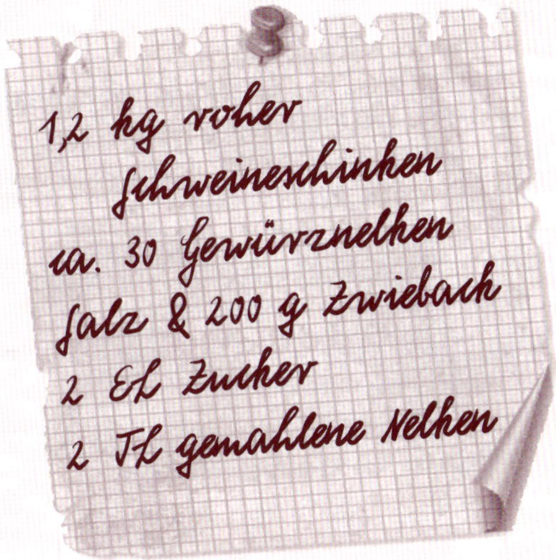

Die Schwarte vom Schinken entfernen und die obere Fettschicht kreuzweise einritzen. In jedes dabei entstehende Quadrat eine Gewürznelke stecken. Braten rundum salzen, in eine Pfanne legen, etwa einen Fingerbreit heißes Wasser angießen und bei 180 ° C in den Ofen schieben. Gut zwei Stunden garen lassen, dabei immer wieder Wasser nachfüllen und das Fleisch mit dem entstandenen Saft begießen. Den Zwieback in einen Gefrierbeutel stecken und mit dem Nudelholz zermahlen. Brösel mit Zucker und gemahlener Nelke vermischen und auf die Fettschicht des Bratens streuen. Nochmals eine gute halbe Stunde in den Ofen schieben, bis sich eine knusprige Kruste gebildet hat.

Mit Rotkraut oder Schmorkohl und dunklem Brot servieren.

Sarazenen-Huhn

1 Hähnchen & 1 Hähnchenleber
Pfeffer & 1 EL Öl
50 g Rosinen & 10 Datteln
10 Backpflaumen
2 Scheiben Brot
1/4 l Weißwein
1 Zitrone & 1 Orange
30 g Speck
1 Apfel & 1 Birne
Gewürzmischung aus
1/4 TL Muskatnuss
1/4 TL Pfeffer
1 Prise Ingwer
1 Prise Nelken & Salz

Das Hähnchen salzen, die Keulchen zusammenbinden, die Flügelspitzen unterstecken. Die Leber waschen, abtrocknen, leicht pfeffern und in den Bauch stopfen. Das Hähnchen in eine flache Pfanne legen, die mit etwas Öl ausgepinselt wurde. Bei 180 °C etwa eine Stunde im Backofen garen, dabei alle 20 Minuten mit dem austretenden Fleischsaft beträufeln.

Das Brot toasten, Speck klein würfeln, Zitrone und Orange auspressen und den Saft mit dem Wein mischen. Apfel und Birne schälen, entkernen und in feine Spalten schneiden. Das Trockenobst waschen und abtropfen lassen. Ist das Fleisch gar, die Leber herausnehmen und zusammen mit dem Brot pürieren, dabei die Gewürzmischung untermengen. Die Wein-Mischung in einem Schmortopf erwärmen und mit dem Püree binden. Das getrocknete und das frische Obst sowie die Speckwürfel hineingeben, aufkochen und etwa 15 Minuten köcheln lassen. Zum Schluss das Brathähnchen in sechs Teile zerlegen und in der Soße servieren. Dazu frisches Bauernbrot oder Reis reichen.

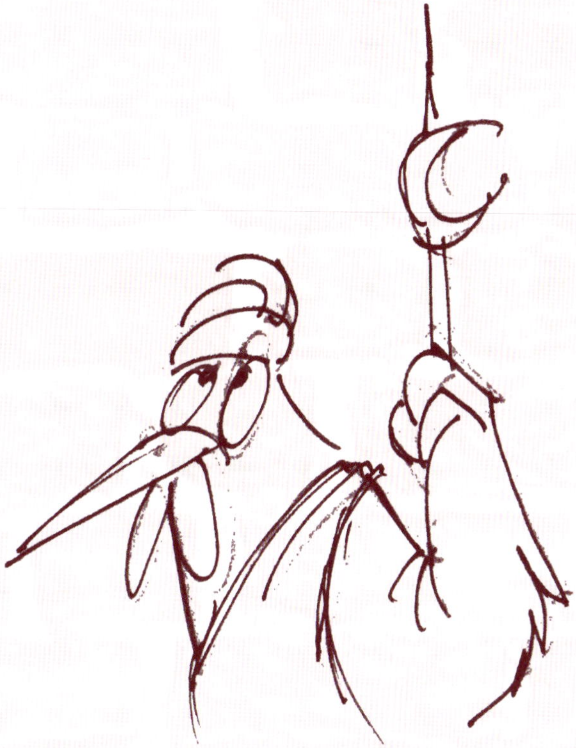

Weite Teile Rügens waren bekannt für ihren Reichtum an Hasen. Das Jagdrecht lag indes bei den Adligen. Doch manches Langohr dürfte in den Fallen der Dorfjungen geendet sein. Von so einem Fleischbraten wurde dann aber auch alles Verwertbare verwertet, wie dieses Gericht beweist. Auf den Stralsunder Märkten wurden Hasenklein und Innereien für die weniger betuchen Bürger als ganz normale Handelsware angeboten.

Jasmunder Hasenpfeffer

500 g Hasenklein
(Kopf, Hals, Vorderläufchen, Bauchlappen, Nieren, Herz, Lunge)
1,5 l Wasser
75 g Speck & 75 g Zwiebeln
40 g Mehl
Pfeffer & Essig
150 g Gewürzgurke
100 g Waldpilze
100 ml Rotwein

Das Hasenklein waschen und in reichlich kochendem Wasser blanchieren. Dann entbeinen und in Würfel schneiden. Den Speck würfeln und in einer Kasserolle auslassen. Zwiebeln schälen und fein würfeln und darin glasig dünsten. Dann das Hasenfleisch dazugeben und alles kräftig anbräunen. Mit Wasser ablöschen, salzen und etwa eine Stunde köcheln lassen. Aus Mehl eine dunkle Schwitze bereiten und das Ragout damit andicken. Gewürzgurken in feine Streifen schneiden, Pilze putzen, beides unterheben und sanft erhitzen. Mit Salz, Pfeffer und Essig abschmecken. Zum Schluss den Rotwein unterrühren. Dazu passen Klöße.

Zwiebelfleisch

- 1,5 kg dicke Rippe oder Schweinebauch
- Salz & Zucker
- 500 g Zwiebeln
- 3 Pimentkörner
- 10 g Kümmel
- 75 g Butter
- 2 EL Mehl

Zwiebeln schälen und in Scheiben schneiden. Zusammen mit dem Fleisch und den Gewürzen in einen Topf geben, knapp mit kaltem Wasser bedecken und aufkochen. Abschäumen und etwa eine Stunde gar ziehen lassen. Das Fleisch herausnehmen und in Scheiben oder mundgerechte Würfel schneiden. Aus Butter und Mehl eine helle Schwitze bereiten und mit etwas Kochbrühe ablöschen. Die Schwitze dann in den Fond rühren und nochmals aufkochen lassen. Das Fleisch wieder hinzufügen und alles sehr heiß servieren.

Dazu Salzkartoffeln reichen.

Kalbsbraten in Haushofmeistersauce

1,2 kg Kalbfleisch (aus der Keule)
1 Bd. Suppengrün
je 1/2 Bd. Kerbel, Estragon
und Petersilie
1 Zwiebel & 125 g Schinkenspeck
40 g Butter & 2 EL Mehl
4 Eigelb & 30 g Sardellenbutter
Saft einer halben Zitrone
Salz

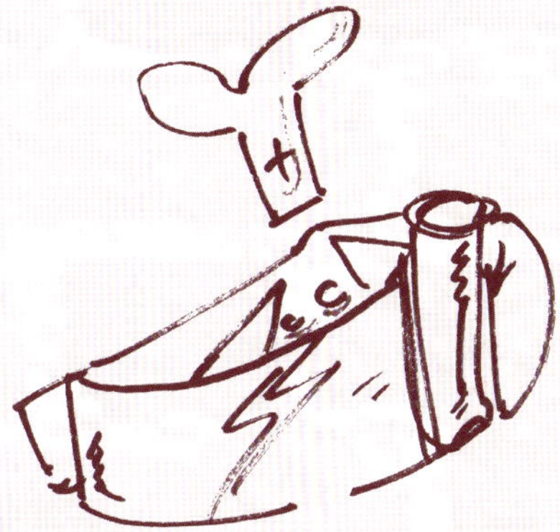

Suppengrün putzen, das Fleisch abwaschen. Einen großen Topf mit Wasser füllen und mit 3 TL Salz zum Kochen bringen. Das Kalbfleisch hineingleiten lassen und noch einmal aufwallen, eventuell Schaum abschöpfen. Suppengrün dazugeben und rund 90 Minuten leise köcheln lassen. Das Fleisch herausnehmen, in Folie wickeln und warm stellen. Die Brühe durch ein Sieb gießen und auffangen.

Für die Haushofmeistersauce die Kräuter kurz in kochendem Wasser blanchieren, in ein Sieb legen und mit kaltem Wasser abschrecken. Nach dem Abtropfen grob hacken. Zwiebel und Schinkenspeck möglichst klein schneiden und in Butter anschwitzen. Das Mehl hinzufügen, kurz aufschäumen ohne es zu bräunen und mit der Kalbsbrühe ablöschen. Nach und nach so viel Brühe hinzugeben, bis die Sauce sämig ist. Zum Schluss das Eigelb verquirlen und langsam in die Sauce laufen lassen, dabei nicht mehr kochen. Die Sardellenbutter, den Saft einer halben Zitrone und die vorbereiteten Kräuter unterziehen. Das Kalbfleisch in Scheiben schneiden und in der Sauce servieren. Dazu Salzkartoffeln oder Kartoffelklöße reichen.

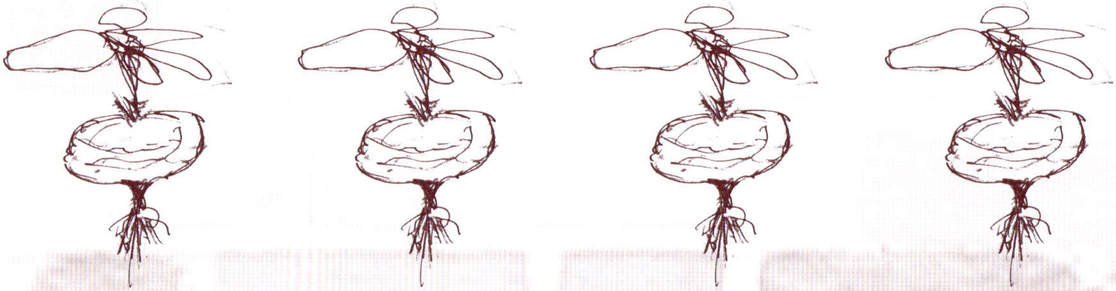

Teltower Rübchen (Brassica rapa teltowiensis) sind ein feines, leider recht selten gewordenes Gemüse, das nach seiner Herkunft benannt ist: Rund um die brandenburgische Stadt Teltow lebten einst die Rübenzüchter, die den kleinen weißen Speiserübchen zu ihrem internationalen Ruf verhalfen. Im 18. und 19. Jahrhundert wurden sie als Delikatesse gehandelt. Zu ihren bekennenden Fans gehörten beispielsweise Goethe und Kant. Zu DDR-Zeiten schlief der Anbau fast ein. Als Anfang der 1990er Jahre die Rückbesinnung auf regionale Spezialitäten begann, erlebten auch die Teltower Rübchen ihre »Auferstehung«.

Eine noch längere Geschichte weist die Mairübe (Brassica rapa majalis) auf, die schon aus der Antike als Kulturpflanze bekannt ist. Sie wurde vor allem im Rheinland und in Süddeutschland angebaut. Im Gegensatz zu den Teltower Verwandten müssen die Mairübchen geschält oder abgeschabt werden, denn ihre äußere Haut enthält verhältnismäßig viel Senföl. Dafür kann man ihre Blätter wie Spinat verarbeiten.

Rübchen mit Kochwurst

800 g Teltower Rübchen
oder Mairübchen
Salz & Zucker
40 g Butter
Petersilie
1 große Kochwurst

Die Rübchen kräftig abrubbeln oder schälen. Beim Putzen den Ansatz der grünen Blätter erhalten. Ausreichend Wasser mit je einem TL Salz und Zucker in einem Topf zum Kochen bringen und die Rübchen darin 2 bis 3 Minuten blanchieren. Butter in einer Pfanne auslassen und das Gemüse darin weitere 5 Minuten dünsten. Zum Schluss gehackte Petersilie darüberstreuen. Zu einer Kochwurst reichen, die im Ganzen in heißem Wasser erwärmt oder in fingerdicke Scheiben geschnitten und von beiden Seiten braun gebraten wurde. Mit Kartoffelpüree anrichten.

Dass die Stralsunder gern und reichlich aßen und tranken, lässt sich am Aussteuer-Verzeichnis der Maria Brogkmeier nachvollziehen. Ihre Hochzeit wurde laut Unterlagen im Stadtarchiv 1615 gefeiert. Geschlachtet wurden dafür: 10 Ochsen, 6 Hammel, 4 Lämmer, 19 Hühner, 20 Gänse. Des Weiteren brachte man auf den Tisch: Brot, Butter, Gurken, Nüsse, Äpfel, Zucker und Zimt, ferner 5 Käse (insgesamt 37 Pfund), 21,5 Pfund Speck, 4 Scheffel Hafergrütze, 12 Pfund Rosinen, je 1 Pfund Pfeffer und Ingwer und 8 Lot Nelken. Nicht zu vergessen 6 Tonnen Barther und anderthalb Tonnen Sundisches Bier ...

Hammeltopf

- 700 g Lammfleisch
- 3 Zwiebeln
- 3/4 l Rinderbrühe
- 1 EL Schmalz
- 1 Bd. gehackte Petersilie
- 6 Blätter Salbei
- 1 EL gehackter Ysop

Zwiebeln pellen, in Ringe schneiden und in sprudelndem Wasser 5 Minuten kochen, dann in einem Sieb abtropfen lassen. Lammfleisch in mundgerechte Stücke schneiden und ebenfalls kurz in kochendes Wasser geben. Herausnehmen, sobald es seine Farbe verändert. In einem Schmortopf das Schmalz auslassen und das Fleisch darin rundherum anbräunen. Die Zwiebeln zugeben und leicht mitdünsten. Mit Brühe aufgießen, bis alles bedeckt ist. Mit den gehackten Kräutern und Salz würzen, auf kleiner Flamme eine gute Stunde köcheln lassen. Wenn das Fleisch gar ist, nochmals abschmecken und servieren.

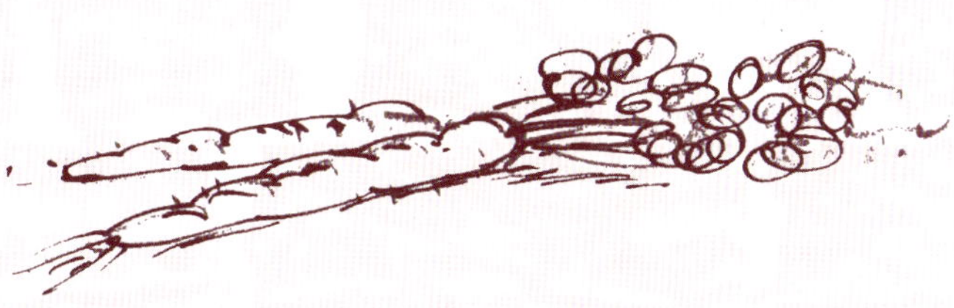

Wruken mit Schweinebauch

1 kg magerer Schweinebauch
1 l Wasser
2 Lorbeerblätter
6 Pimentkörner
1 Wruke
2 EL Schweineschmalz
1 Zwiebel
Salz, Pfeffer & Zucker
3 EL Mehl
Petersilie & Majoran

Schweinebauch in Salzwasser aufkochen, Schaum abschöpfen, Lorbeer und Piment hinzufügen und eine gute Stunde garen. Wruke schälen, abspülen und in grobe Stifte schneiden. Zwiebel abziehen und würfeln. Schmalz in einem Bräter erhitzen, Rüben und Zwiebeln darin kurz andünsten und mit der durchgeseihten Fleischbrühe aufgießen. Etwa 15 Minuten sanft garen lassen. Mit Mehl binden und mit Salz, Pfeffer und Zucker abschmecken. Das Fleisch in Scheiben schneiden und ins Gemüse legen. Mit den gehackten Kräutern bestreut servieren.

Die Tuchhändler gehörten zu den einflussreichsten Geschäftsleuten des hanseatischen Stralsunds. Einmal jährlich veranstalteten sie den »Lotschmaus« in der Stralsunder »Gewandschneider Companie«. Dabei handelte es sich um ein großes Festessen, das stets am Dreikönigstag (6. Januar) ausgerichtet wurde. Mochte man auch noch so viele auserlesene Delikatessen auftischen – ein Muss auf der opulenten Speisekarte war immer der Grünkohl mit Lungwurst, Speck und Bratkartoffeln. Dieser Brauch stammte vermutlich aus dem späten Mittelalter und wird Bürgermeister Roloff Möller (gestorben 1498) oder seinem gleichnamigen Sohn (Altermann der Gewandschneider Companie, gestorben 1509) zugeschrieben. Bei Lungwürsten handelt es sich übrigens um eine Grützwurst, die mit zerkleinerter Schweinelunge versetzt und in Därme gepresst wird.

Grünkohl mit Lungwurst

- 2 kg Grünkohl
- 1 große Zwiebel
- 4 EL Butter
- 200 ml Gänsefond
- Salz, Pfeffer & Zucker
- 1 EL Mehl
- 800 g Kartoffeln
- 1 EL Semmelmehl
- 100 g Speck
- 8 Lungwürste

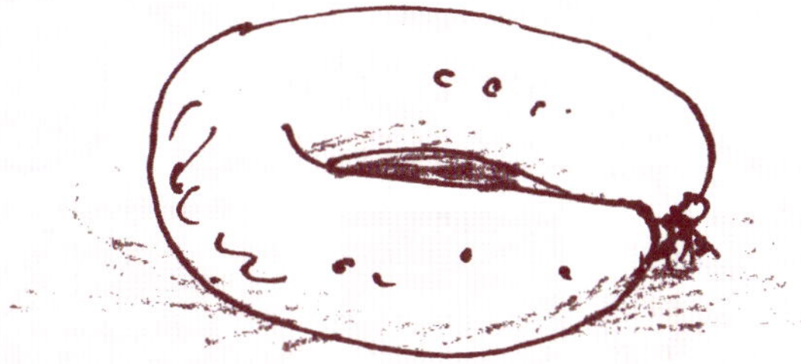

Grünkohl gründlich waschen, Blätter von den größeren Rippen zupfen und klein hacken. Zwiebel fein würfeln und in 2 EL Butter glasig dünsten. Grünkohl dazugeben und kurz anschmoren, dann etwas Gänsefond auffüllen und rund 20 Minuten dämpfen. Mit Salz, Pfeffer und einer Prise Zucker abschmecken und das Mehl überstäuben. Gut durchrühren, die Lungwürste hineinlegen und auf kleiner Flamme weitere 15 Minuten warm halten. Die Würste einige Male wenden, dabei aber aufpassen, dass sie nicht aufplatzen. Die Kartoffeln schälen, waschen, trocken tupfen und in dicke Scheiben schneiden. In Salzwasser 10 Minuten halb gar kochen, dann abgießen. 1 EL Butter in einem Bräter auslassen, die abgetropften Kartoffelstücke hineingeben und durchschwenken, dann für weitere 15 Minuten in den heißen Backofen schieben. Restliche Butter auslassen, gewürfelten Speck darin ausbraten, geriebene Semmel und eine Prise Zucker darüberstäuben. Grünkohl mit Lungwürsten auf eine große Platte füllen, die Bratkartoffeln als Kranz ringsherum anrichten und mit der Speck-Semmelmehl-Mischung übergießen.

Schichtkohl

Weißkohl putzen, abspülen, in Streifen schneiden oder grob raspeln. Speck und eine Zwiebel würfeln und mit etwas Butter in einem großen Bräter auslassen. Den Kohl dazugeben und kräftig anbraten. Die restlichen Zwiebeln und den Knoblauch abziehen und hacken. In einer zweiten Pfanne in etwas Butter andünsten, dann das Gehackte hineingeben und krümelig braten. Zum Schluss mit Salz und Pfeffer abschmecken und unter den Kohl heben. Mit reichlich Kümmel und Salz würzen und die Sahne darübergießen. Auf kleiner Flamme mit geschlossenem Deckel etwa 30 Minuten garen. Gut gekühlt kann man Schichtkohl mehrmals aufwärmen – er schmeckt mit jedem Tag besser.

Mecklenburger Grützwurst

500 g Getreidegrütze
1 l Fleischbrühe
100 g Schweinebauchfett (Flomen)
50 g Zwiebeln
150 g Schweineblut
Salz & Pfeffer
Nelkenpulver
gemahlener Piment

Die Grütze einige Stunden in kaltem Wasser einweichen, am besten über Nacht. Dann langsam erhitzen und endgültig ausquellen lassen. Die Schweineflomen möglichst klein hacken oder durch den Fleischwolf drehen. In einer Pfanne auslassen und das Fett zur Grütze geben. Die Grieben zusammen mit den fein gehackten Zwiebeln nochmals dünsten und dann ebenfalls unter die Grütze heben. Mit Salz und Gewürzen kräftig abschmecken. Zum Schluss das durchgesiebte Schweineblut in die Masse rühren, alles gründlich vermengen. Die Grützwurst in Twist-off-Gläser füllen, diese ins heiße Wasserbad stellen, aufkochen und dann mindestens eine Stunde simmern lassen. Die so eingeweckte Wurst dunkel und kalt aufbewahren, dann ist sie etwa ein halbes Jahr haltbar. Am besten schmeckt Grützwurst in ein wenig Butter frisch aufgebraten zu Bratkartoffeln und Sauerkraut.

Labskaus wurde zwar erstmals 1701 schriftlich erwähnt, ist aber sicher schon viel älter. Wahrscheinlich so alt wie die christliche Seefahrt selbst, denn es handelt sich um ein typisches »Reste-Essen« der Matrosen auf den großen Segelschiffen. Wenn die Vorräte zur Neige gingen und auch nicht mehr recht ansehnlich waren, drehte der Smutje kurzerhand alles durch und brachte es als nahrhaften Brei auf den Teller. In Schleswig-Holstein und Hamburg verfeinerte man die Seemannsspeise im 19. Jahrhundert mit Roter Beete und Matjes und machte sie damit sozusagen »landfein«. Das Mecklenburger Labskaus verzichtet auf solchen »neumodischen Kram« und kommt damit dem Ursprungsgericht wohl am nächsten. Das Wort Labskaus fand seine Wurzeln vermutlich in der französischen Bezeichnung »lout's course« – »Speise der Flegel«.

Labskaus

- 300 g Rinderpökelfleisch
- 300 g Schweinepökelfleisch
- 1 Lorbeerblatt
- 4 Pimentkörner
- 1 Zwiebel
- 800 g Kartoffeln
- 100 g Zwiebelwürfel
- 60 g Butter
- 1 Tasse Pökelbrühe
- 4 Eier & 4 Sardellen
- 2 Salzgurken
- Pfeffer

Reichlich Wasser mit Lorbeer, Piment und der Zwiebel zum Kochen bringen, Pökelfleisch hineinlegen, eventuell Schaum abschöpfen. Das Fleisch in der Brühe gar kochen, herausnehmen und durch den Fleischwolf drehen. Kartoffeln kochen, abgießen und stampfen. Zwiebelwürfel in Butter glasig dünsten. Fleisch, Kartoffeln und Zwiebelwürfel miteinander vermischen und mit Pökelbrühe zu einem geschmeidigen Brei verdünnen. Mit Pfeffer würzen. Auf jede Portion Labskaus ein Spiegelei, einen Sardellenstreifen und eine halbe Salzgurke legen.

Gefüllte Gurken

2 Gurken
150 g Rindergehacktes
20 g Weißbrot
1 Ei
1 Msp. gemahlener Ingwer
Salz
2 EL Butter
100 ml Brühe
2 EL Kapern

Das Gehackte mit klein gewürfeltem Weißbrot, Ei, Ingwer und Salz vermengen und in 1 EL heißer Butter krümelig braten. Die Gurken der Länge nach aufschneiden, mit einem scharfkantigen Löffel aushöhlen und mit dem Fleisch füllen. Nebeneinander in eine Kasserolle legen, die Brühe angießen und im Backofen bei 180 ° C etwa 20 Minuten garen. Gurken auf einem Teller anrichten. Die Kapern kurz in 1 EL heißer Butter andünsten und darüber verteilen. Mit Stangenweißbrot servieren.

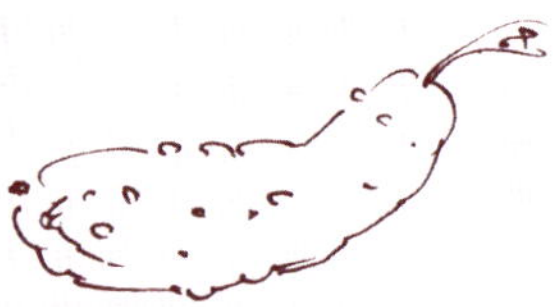

Natürlich gab es zur Blütezeit der Hanse dieses Rezept noch nicht, denn die Kartoffel war in Europa bis ins 16. Jahrhundert gänzlich unbekannt. Mitte des 16. Jahrhunderts brachten sie die Spanier von ihren Eroberungsfahrten aus Südamerika mit. Auch danach wollte lange keiner so richtig »ran an die Tüften«. Erst 1737 wurden sie als Volksnahrungsmittel in Preußen eingeführt. Übrigens mit erheblichem staatlichen Druck, denn der preußische Herrscher hatte die Potenzen der kleinen braunen Kohlenhydrat-Bomben richtig eingeschätzt. Sie sättigen nachhaltig und sind billig zu produzieren. Schließlich überzeugten sich auch die pommerschen Bauern – und natürlich die Hausfrauen – von den Qualitäten der Kartoffel. Und erhoben sie praktisch zum Nationalgericht.

Himmel und Erde

800 g Kartoffeln
50 g Butter
1/8 l Milch
Salz & Muskat
30 g Mehl & 2 Eier
100g Margarine
250 g Backobst
100 g Zucker

Die Kartoffeln kochen und durchpressen. Mit Butter, Milch, Salz und geriebener Muskatnuss vermengen. Mehl und Eier hinzufügen und eine feste Masse kneten. Daraus Buletten formen und in heißer Margarine goldgelb braten. Das Backobst (Pflaumen, Birnen, Äpfel, Aprikosen) in einen Topf füllen, mit Wasser knapp bedecken, Zucker hinzufügen und langsam aufkochen. Etwas abgekühlt zu den Kartoffelbuletten reichen. Wer es deftig mag, reicht das Ganze mit etwas ausgelassenem Speck oder einer Bratwurst.

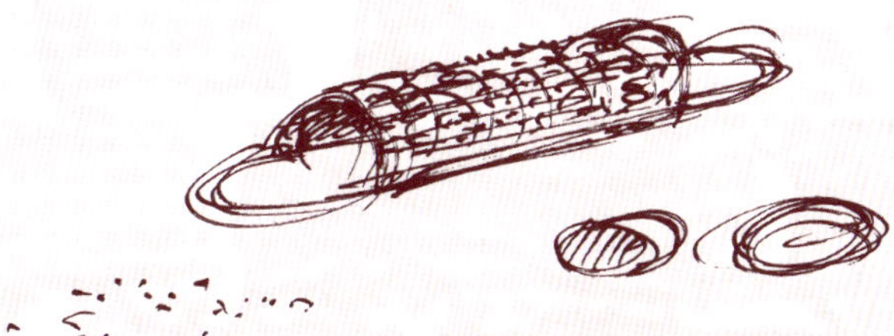

Kräuterbrot

Mehl und kalte Butter mit den Fingern verkneten, bis eine krümelige Masse entsteht. Salz in Wasser auflösen und allmählich dazugeben. So lange rühren, bis sich ein homogener Teig bildet. Zu einer Kugel formen, in Folie einschlagen und 2 Stunden in den Kühlschrank legen. Petersilie, Mangold und Spinat waschen, trocknen, von den Blattrippen befreien und fein hacken. Den Quark ausdrücken und damit vermengen. Speck in ganz kleine Würfel schneiden oder mit einem Wiegemesser zerkleinern. Gemeinsam mit 4 Eiern unterheben und nach Geschmack salzen. Das fünfte Ei trennen. Aus gut der Hälfte des Teiges eine dünne Platte ausrollen und eine gefettete Springform damit auskleiden. Die Mischung hineinfüllen. Eine zweite Teigplatte ausrollen und als Deckel benutzen. Die Ränder mit dem verquirlten Eiweiß einpinseln und gut verschließen. Mit einem Pinsel das geschlagene Eigelb auftragen und zur Dekoration einige Safranfäden auf die Pastete streuen. Ofen auf 225 ° C vorheizen und das Kräuterbrot mindestens 1 Stunde darin backen. Mit einem Stäbchen einstechen und prüfen, ob der Boden gar ist.

Apfelkonfekt

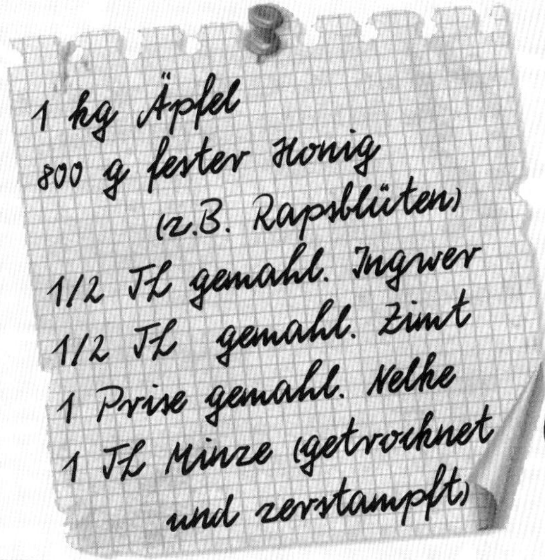

Äpfel schälen, vierteln und vom Kerngehäuse befreien. Möglichst fein raspeln oder mit dem Schneidstab pürieren. Zum Schluss durch ein Sieb passieren, so dass ein glattes Püree entsteht. Mit dem Honig in einen Topf geben und auf kleiner Flamme zum Kochen bringen. Dabei regelmäßig mit einem Holzlöffel rühren. Die Masse 70 bis 80 Minuten am Köcheln halten. 15 Minuten vor Ende der Garzeit die Gewürze dazugeben. Die Paste ist gar, wenn sie bernsteinfarben und durchsichtig ist. Dann auf ein Backblech gießen und glatt streichen, so dass die Masse etwa 1 cm Dicke hat. Mehrere Tage an der Luft trocknen lassen. In Rauten schneiden und in Blechschachteln aufbewahren.

Süßes Apfelbrot

750 g Äpfel
200 g Zucker
500 g Mehl
200 g Rosinen
150 g Haselnüsse
1 EL Rum
1 TL Zimt
2 Pck. Backpulver

Äpfel raspeln, Nüsse grob hacken. Mit Zucker, Rosinen, Rum und Zimt vermengen und über Nacht zugedeckt ziehen lassen. Mehl und Backpulver vermischen. Die süßen Zutaten hineinkneten und in zwei gut gefettete Kastenformen geben. Im Backofen bei 200 ° C etwa 50 Minuten backen. Noch warm dick mit Butter bestrichen als Nachtisch oder zur Kaffeezeit reichen.

Kalte Biskuit-Speise

6 Eier
250 g Zucker
abgeriebene Schale
von 1 Zitrone
250 g Weizenmehl
Salz & Puderzucker
8 EL Rum
je 100 g Johannisbeer-
und Himbeergelee

Die Eier trennen. Eigelb mit dem Zucker so lange rühren, bis der Zucker aufgelöst und die Masse schaumig ist. Eiweiß mit einer Prise Salz steif schlagen und gemeinsam mit dem Zitronenabrieb unterheben. Zuletzt das Mehl einrieseln lassen und alles zu einem zähflüssigen Teig verarbeiten. Backblech mit Backpapier auslegen und in großem Abstand teelöffelweise den Teig darauf verteilen. Im Backofen bei 160° C hellgelb backen. Biskuits abkühlen lassen, dann den Boden einer Glasschüssel damit belegen. Mit Rum tränken und mit etwas Puderzucker bestreuen. Dann eine dünne Schicht Johannisbeergelee darauf verteilen. Jetzt wieder eine Schicht Biskuit darauflegen und wie zuvor verfahren, schließlich mit Himbeergelee abdecken. So Schicht auf Schicht setzen, bis die Schüssel voll ist. Mit Gelee enden und eventuell einige frische Früchte zur Garnierung auflegen.

Die winterliche Fest- und Ballsaison war auch in Stralsund stark von den Zünften geprägt. Jede Gilde stellte dafür ihre eigenen Regeln auf. Bei manchen blieben die Meister unter sich, bei anderen durften die Gesellen teilnehmen. Oft fanden öffentliche Feierlichkeiten in den Gildehäusern oder im Artushof am Alten Markt statt. Dass dabei reichlich Alkohol genossen wurde, ist historisch belegt. Ende des 15. Jahrhunderts zählte die hiesige Brauer- und Mälzerkompanie fast 200 Mitglieder, zusätzlich wurde fässerweise Bier aus Barth, Tribsees, Pasewalk und Bernau »importiert«. Die Schwedenmatrikel, die Ende des 17. Jahrhunderts entstand und ein genaues Bild Stralsunder Besitzstände zeichnet, berichtet übrigens davon, dass zu jener Zeit die Bäcker das wohlhabendste handwerkliche Gewerbe der Stadt darstellten. Man unterschied zwischen Weiß- und Festbäckern sowie den Los- und Kuchenbäckern. Insgesamt verzeichnet die Schwedenmatrikel 27 Bäcker, die Häuser oder Buden (Läden) an allen großen Straßen der Altstadt besaßen. Die zweite Handwerkszunft von Wohlstand und politischem Einfluss war die der Knochenhauer und Fleischer. Ihr Schlachthof lag zu jener Zeit am Knieper Tor. Zahlenmäßig die größte Gruppe waren indes die Fischer – allerdings auch die ärmste der Stadt. Die Schwedenmatrikel zählt 42 Fischer innerhalb der Stadtmauern namentlich auf. Die meisten davon wohnten im Jakobiviertel sowie zwischen Heilgeisttor und Heilgeistkirche.

Silvesterpunsch Stralsunder Art

1/2 Flasche Weißwein
1 Flasche Rotwein
1/2 Flasche Rum
500 g Zucker
2 Zitronen
Wasser

Den Wein mit Rum und 1/2 l Wasser vermischen. Den Zucker, über dem die Schale einer halben Zitrone abgerieben wurde, und den Saft beider Früchte dazugeben. Alles zum Kochen bringen. Kurz aufwallen lassen und heiß in Henkelgläsern servieren.

Wo der Bismarck-Hering erfunden wurde

Bürgerpark des Vereins »Bürger-Ressource« am Knieperdamm. Historische Postkarte, abgestempelt 1909. *Quelle: Stadtarchiv Stralsund*

„Mädchen, wenn du Fisch kochen kannst, kannst du heiraten!" (Pommersches Sprichwort)

Wie war das denn nun mit dem Bismarck-Hering. Ist der wirklich in Stralsund erfunden worden? Ja, kein Zweifel! Die Geschichte ist in jeder Stralsund-Historie nachzulesen. »Erfinder« des Bismarck-Herings war der Kaufmann Johann Wiechmann, der 1853 seinen ersten »Materialhandel« am Neuen Markt eröffnete. Das muss man sich als wohnungsgroßes Lädchen mit zwei Zimmern vorstellen: auf der einen Seite Kramladen, auf der anderen Seite Schankstube. Ein Lottogewinn soll Herrn Wiechmann dann geholfen haben, sein Geschäft zu erweitern. Er kaufte die Fährstr. 21 und baute dort eine Fischkonservenfabrik auf. Deren Spezialität: frischer Ostseehering, entgrätet, filetiert, in einen säuerlichen Aufguss eingelegt und in Holzfässchen zum Versand verpackt. Nun muss Fischfabrikant Johann Wiechmann ein glühender Verehrer Otto von Bismarcks gewesen sein, denn er schickte dem Reichskanzler zu dessen Geburtstag ein Probefässchen seiner Heringsspezialität. Und die dürfte durchaus angekommen sein, denn Bismarck bedankte sich in einem persönlichen Schreiben. Solcherart ermutigt, ging 1871 ein zweites Fässchen auf die Post – mit der alleruntertänigsten Bitte, das Stralsunder Produkt künftig als »Bismarck-Hering« handeln zu dürfen. Wieder setzte sich Bismarck höchstselbst an den Schreibtisch und erteilte Johann Wiechmann handschriftlich die Erlaubnis dazu. Ein genialer Marketing-Streich, würde man heute sagen. Waren halt findige Köpfe, die Stralsunder Kaufleute. Das gilt übrigens auch für Fischhändler Henry Rasmus aus der Heilgeiststraße. Der Hüter der Wiechmann'schen Originalrezeptur überreichte US-Präsident George W. Bush im Juli 2006 ein Fässchen Bismarck-Hering publikumswirksam bei dessen Staatsbesuch in Stralsund. Spätestens seitdem weiß die ganze Welt, wer's erfunden hat ...

Tanz unter Lichterketten

Hört man den alteingesessenen Stralsundern – insbesondere den Stralsunderinnen – zu, verbrachten sie einen Gutteil ihrer Jugend beim Konditern und Schwofen. Der nachmittägliche Ausflug mit der ganzen Familie, der oft mit einem Tanz in die Dämmerung hinein endete, muss für unsere Großeltern etwa den Stellenwert einer Samstagnacht-Disco gehabt haben. Die Stadt bot bis in die Nachkriegsjahre hinein für derlei Vergnügungen reichlich Gelegenheit: Etwa zehn Kaffeegärten bildeten einen grünen Gürtel rund um die Teiche und Stadtmauern. Hinzu kamen die zahlreichen Brau-, Vereins- und Zunfthäuser, zumeist mit großem Saal und häufig angeschlossener Kegelbahn. Eine besondere Perle in dieser Kette bildete der »Bürgergarten« am Knieperdamm/Ecke Teichstraße. Das letzte Gebäude, das davon erhalten geblieben ist, wurde zu DDR-Zeiten als kleines Pionierhaus genutzt und steht heute zum Verkauf – verriegelt und verrammelt und mit Graffiti verziert. Lauben, Musikpavillons, Springbrunnen und Kinderspielplatz bildeten hier seit Beginn des 20. Jahrhunderts eine familienfreundliche Freiluftanlage nebst Ausschank. Während Mama und Papa bei Kaffee und Blechkuchen unter schattigen Bäumen plauderten, verschwanden die Kinder in der sogenannten »Schweiz« zum Toben. Dieser Teil der Anlage soll in späteren Abendstunden auch gern von Jungverliebten für allerlei Heimlichkeiten aufgesucht worden sein. Wenn man denn den Zaun überwand. Denn der Bürgergarten wurde von Herbst bis Frühjahr abgeschlossen. Immerhin handelte es sich um kostbares Stiftungseigentum des Vereins »Bürger-Ressource«. Darin hatten sich vor allem Stralsunder Kaufleute, Beamte und Handwerker zusammengeschlossen, um die gut gepflegte Anlage aus ihren Mitgliedsbeiträgen zu finanzieren. Das alljährliche Stiftungsfest im August war Legende.

Galt der »Bürgergarten« als Perle unter den Freiluftgastronomien, so war »Rühes Konzerthaus« wahrscheinlich das Juwel in der Krone. Die Alteingesessenen behaupten ja, nirgends habe das Eis so gut geschmeckt wie dort auf der Promenade beim Sundspaziergang. Zunächst nach dem Betreiber benannt, machte sich die Anlage zwischen Sarnowstraße und »Hindenburg-Ufer« später als Gewerkschaftshaus einen Namen und wurde nach der Wende als »Thälmannhaus« abgerissen. Wo heute eine Investbrache von hohem Gras überwuchert wird, standen einst herrliche Bäume, zwischen denen Lichterketten gespannt und Klapptische weiß eingedeckt waren. Bei schönem Wetter tanzte man die ganze Nacht hindurch bis zum »Schlossgarten« hinüber. Der befand sich in unmittelbarer Nachbarschaft der Ersatzkaffee-Fabrik »Kermi«. Steht aber auch nicht mehr.

So trauern die Stralsunder weiteren lauschigen Plätzchen hinterher. Beispielsweise »Martins Garten«, den man per Ruderboot über den Knieperteich erreichte, bevor 1920 der Küterdamm – im Volksmund die »Weißen Brücken« – gebaut wurde. Lauben, Veranden, Musikpavillon, Bootsverleih und ein großer Saal gehörten dazu. In Letzterem nahm man traditionell seine Tanzstunden bei Frau Frieda Bethmann. Die Abschlussbälle sollen rauschende Feste gewesen sein. Gleich gegenüber, am Ufer des Moorteiches, fand sich hingegen »Heinzelmanns Garten«. Der war berühmt für seine Mai- und Erdbeerbowlen. Kein Wunder, handelte es sich doch um den Ausschank einer Fruchtwein-Kelterei von Rang und Namen.

Die Liste der Gartenlokale, mit denen in der Großeltern-Generation so viele Erinnerungen verbunden sind, ließe sich noch um einiges verlängern. Etwa um die Schwedenschanze mit dem gleichnamigen Lokal, das einen unvergleichlichen Ausblick über den Sund bot. Oder die »Stadtkoppel«, einst ein ländliches Anwesen, wo man mitten auf der Wiese saß und selbst mitgebrachten Kaffee trank, während nebenan die Kühe weideten. Das traurige Schicksal der »Stadtkoppel«, die bis zur Wende noch ein beliebtes Speise- und Tanzrestaurant war, kann jeder verfolgen, der heute die Barther Straße durchquert.

Die Grünflächen und Parks sind nach und nach zugebaut worden. Die Kaffeegarten-Tradition scheint in Stralsund endgültig der Vergangenheit anzugehören. Warum eigentlich, fragen sich die Senioren, denn die Teiche sind doch noch da, die Ausblicke so schön wie eh und je? Vielleicht weil die Jugend von heute am Tanztee kein rechtes Vergnügen mehr findet? Da seufzen die alten Stralsunder schwermütig und schweigen vielsagend ihre gefalteten Hände im Schoß an ...

Pökelzunge in Madeira oder Gänse-Schwarzsauer

Gastfreundlich war Stralsund aber nicht nur für die Einheimischen, sondern auch für seine schon immer zahlreichen Gäste. Das beweisen Statistiken, die man im Stadtarchiv findet. Registrierte man Mitte des 19. Jahrhunderts in Stralsund bereits 17 Gasthöfe sowie 68 Schank- und Speisewirte, waren es an der Wende zum 20. Jahrhundert schon sieben Hotels, 21 Gasthöfe, 99 Schank-, Speise- und Bierwirte. Das erste Haus am Platze, das den

Stralsundern noch immer in guter Erinnerung ist und sich über die Stadtmauern hinaus einen guten Namen erwarb, war dabei der »Goldene Löwe«. Am 6. März 1764 ist in den Stralsunder Ratsakten vermerkt, dass man dem Herbergsvater Johann Behrens gegen die gewohnliche Gebühr von vier Schillingen die Aufhängung eines Schildes mit einem goldenen Löwen an seinem Haus am Alten Markt erlaubt. Das ist der erste Hinweis auf eine Wirtschaft mit Hotel, die rund 200 Jahre bestand. Selbst als vergenossenschaftlichtes Konsum-Hotel setzte das Haus noch Maßstäbe. Eine umfangreiche Speisekarte von 1958 ist immerhin viersprachig verfasst (Deutsch, Englisch, Französisch, Schwedisch) und bietet alle Köstlichkeiten der Haute Cuisine, die damals im Schwange waren – vom »Masthuhn nach Neva« bis zur »Pökelzunge in Madeira mit Pfifferlingen«. Leider wurde das Gebäude 1984 abgerissen. Der an der gleichen Stelle errichtete Neubau diente jahrelang als Jugendzentrum, ehe dort wieder eine Gastronomie einzog, die den traditionsreichen Namen neu belebt.

All diese Erinnerungen an alten Glanz und Gloria dürfen nicht darüber hinwegtäuschen, dass in Stralsund selbstverständlich nicht nur großbürgerlich gekocht wurde. Die Pommern liebten es vor allem deftig und reichlich – im Rahmen ihrer Möglichkeiten. Butter und Mehl gehörten überall hinein, ob Obstsuppe oder Schweinebauch. Abgeschmeckt wurde süßsauer, etwa beim Gänse-Ragout aus Köpfen, Füßen und Blut, das davon sogar seinen Namen erhielt. Vor der Zubereitung von Innereien kannte man im vorigen Jahrhundert überhaupt keine Scheu. Schließlich wurde vielfach hausgeschlachtet und dann musste eben alles genutzt werden. Die Stralsunder Essigfabrik lieferte auch gleich die kernigen Zutaten – nebst passenden Rezepten. Obst und Gemüse holte man aus dem eigenen (Schreber-)Garten oder vom Markt, den lebenden Fisch vom Kutter am Hafenkai, Butter und Käse aus dem Milchladen gleich um die Ecke. Da gab es auch stets eine Kanne mit fetter Frischgemolkener, aus der besonders magere Kinder schon mal eine Kelle extra zu trinken bekamen, wenn sie einen halben Liter für zu Hause holten. Behaupten jedenfalls die Senioren, die bereitwillig mit Familienrezepten und Geschichten aufwarten. Einige von ihnen kochen und backen immer noch wie in den guten alten Zeiten, auch wenn der Arzt nur noch ein Ei die Woche genehmigt. Wegen der Gefäßverkalkung. Aber in einen ordentlichen Kuchenteig gehören trotzdem sechs bis acht Eier, jawoll ja!

Plumsupp mit Klüt ist wahrscheinlich das Gericht, das es in unserer Familie am meisten gab. Wobei nicht immer Pflaumen in der Suppe schwammen, sondern was der Garten jeweils hergab. Mal Erdbeeren, mal Stachelbeeren, mal Kirschen, im Herbst auch Äpfel und Birnen. Aber Mehlklüter waren immer 'drin. Manchmal machte meine Mutter auch Sago 'rein, diese glibberigen »Kälberaugen«. Aber das mochten wir gar nicht und protestierten laut. Wir wohnten damals an der Rostocker Chaussee, eigentlich schon mehr auf dem Lande als in der Stadt. Und wir waren wirklich arme Leute. Mein Vater hielt ein paar Schweine und verkaufte sie an einen Fleischer in der Stadt, meine Mutter wusch die Wäsche fremder Leute. Wir Kinder zogen dann mit dem Handwagen los, um die Bettwäsche zum Mangeln zu bringen oder an die Kundschaft auszuliefern. Da zählte jeder Groschen. Und unser Garten war unsere Hauptnahrungsquelle. Rasen gab's da nicht, bestimmt die Hälfte der Fläche war mit Kartoffeln bestellt, von denen wir den ganzen Winter lebten.

Annemarie Heuer, Knieper West

Plumsupp mit Klüt (Pflaumensuppe mit Mehlklößchen)

1,5 l Wasser
200 g Zucker
2 Zimtstangen
Schale einer halben Zitrone
500 g Pflaumen
2 Eier
200 g Mehl
1/2 TL Backpulver
1 Prise Salz

Wasser mit Zucker, Zimtstangen und Zitronenschale aufkochen. Für die Klößchen Mehl, Backpulver und Salz mischen, die Eier hineinschlagen und je nach Konsistenz noch ein bis zwei EL Wasser dazugeben. Alles gut vermengen und mit einem Teelöffel kleine Teigstücke abstechen. In der Suppe gar ziehen lassen. Dann die entkernten, halbierten Pflaumen hinzugeben und nochmals 15 Minuten kochen lassen. Diese Suppe schmeckt im Sommer als Hauptmahlzeit – auch kalt – und im Winter als warmer Nachtisch.

Süßsaure Linsen

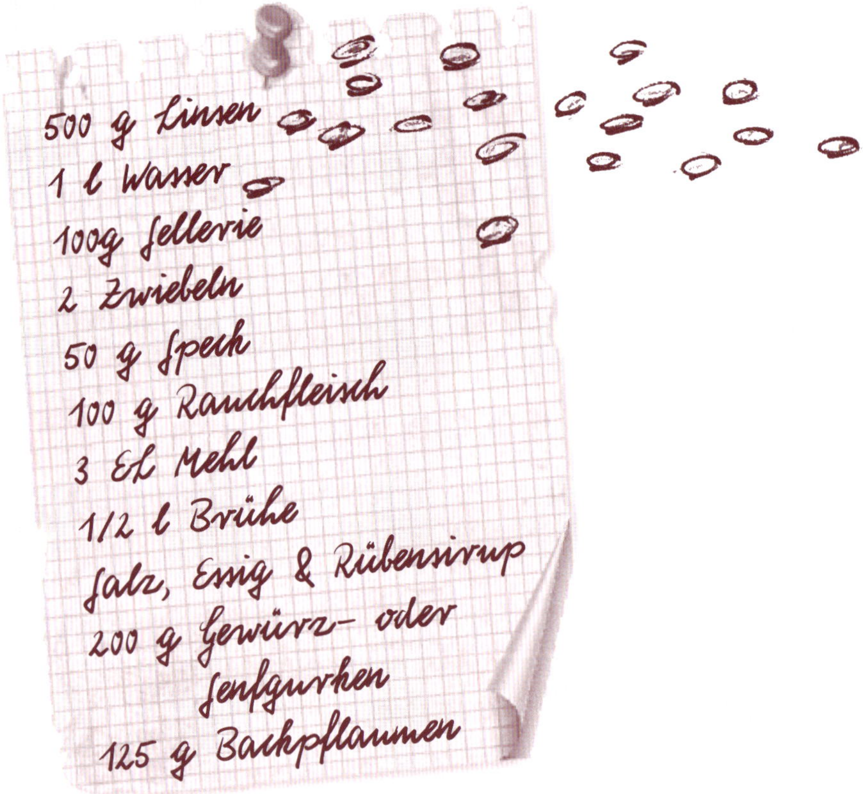

Linsen über Nacht quellen lassen. Im Wasser zusammen mit Rauchfleisch, Sellerie- und Zwiebelwürfeln weich kochen. Den Speck fein würfeln, ausbraten, Grieben zu den Linsen geben. In dem Speckfett das Mehl hellbraun anschwitzen, mit der heißen Brühe glatt rühren und aufkochen. Backpflaumen hineingeben und gar ziehen lassen. Rauchfleisch aus der Suppe nehmen und klein schneiden. Alles miteinander mischen und mit Salz, Essig und Sirup abschmecken. Zum Schluss die in feine Streifen geschnittenen Gurken unterrühren.

Piox

Mein Vater stammt aus Karnin und verlebte, 1936 geboren, seine bewusste Kindheit in der Kriegs- und Nachkriegszeit. Der Großvater war Soldat und lange fort, die Mutter musste die drei Kinder allein durchbringen. Da es einen Garten und Landwirtschaft gab, lernte mein Vater den Hunger nicht so sehr kennen wie meine Mutter, die ein Stadtkind war. Es wurden damals auch Rezepte erfunden, die mit wenigen Zutaten auskamen. Butter und Schmand kamen kaum zur Suppe, heute schmeckt sie uns besonders wegen dieser nahrhaften Ergänzungen. Fisch gab es nur selten, also wurde die »Falsche Fischsuppe« so nach den Zutaten bezeichnet, die man sonst zum Fischkochen nimmt.

Hannah Lenz, Tribseer Vorstadt

Falsche Fischsuppe

600 g Kartoffeln
Salz
4–6 Pimentkörner
2 Lorbeerblätter
4–6 Pfefferkörner
1 Zwiebel
1/4 l Milch
1/2 Bd. Dill
1 EL Butter
2 EL Schmand

Kartoffeln schälen und gemeinsam mit den Gewürzen sowie der abgezogenen und geviertelten Zwiebel garen. Die Gewürzkörner und -blätter herausfischen, etwa die Hälfte des Kochwassers abgießen, aber auffangen und beiseite stellen. Flüssigkeit durch Milch ersetzen, dann alles durchstampfen. Eventuell mit etwas Kochwasser verdünnen. Mit Pfeffer und viel gehacktem Dill abschmecken und einem Löffel Butter und Schmand verfeinern. Heute reicht man die auch als Fischkartoffeln bekannt gewordene Speise gern als Beilage zu gebratenem Fisch.

Mecklenburger saure Suppe

500 g durchwachsener Räucherspeck
800 g Erbsen & 250 g Möhren
1 Petersilienwurzel
1 kleiner Blumenkohl
Majoran & Bohnenkraut
Thymian & Estragon
125 g getrocknete Apfelringe
125 g getrocknete Birnen
Saft von 1 Zitrone
Salz & Zucker
1 EL Speisestärke

Das Trockenobst am Vorabend mit lauwarmem Wasser bedecken und über Nacht einweichen. Gemüse putzen und in mundgerechte Würfel schneiden. Speck in kaltes Wasser legen und kochen. Nach etwa 30 Minuten das Gemüse hinzufügen und weitere 20 Minuten garen. Kräuter hacken und gemeinsam mit dem Trockenobst samt Einweichwasser in die Suppe geben. Nochmals 10 Minuten leise köcheln. Dann mit Zitronensaft, Zucker und Salz abschmecken. Mit etwas Stärkemehl binden. Im Herbst kann man statt der getrockneten Früchte auch frische Äpfel und Birnen aus dem Garten verwenden. Sie dürfen aber höchstens noch 5 Minuten in der Suppe ziehen.

Kohlrabi-Topf

4 junge Kohlrabi
500 g Rinderbrust
2 Möhren
Salz & Pfeffer
500 g Kartoffeln
1 EL Mehl
1 EL Butter
100 ml Sahne

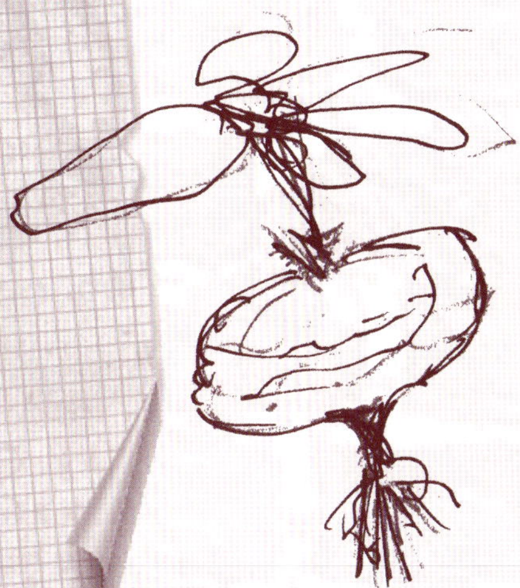

Fleisch mit Salz aufsetzen und etwa 1 Stunde halb gar kochen. Von jungen Kohlrabiknollen das Grün abschneiden und klein hacken. Knollen schälen und in mundgerechte Stücke schneiden, Möhren putzen und in Scheiben schneiden. Gemüse zum Fleisch in die Brühe geben und weitere 20 Minuten kochen. Geschälte, klein gewürfelte Kartoffeln sowie die gehackten Kohlrabiblätter zugeben und nochmals 15 Minuten kochen. Das Fleisch herausnehmen und in Scheiben aufschneiden. Aus Butter und Mehl eine helle Schwitze bereiten und die Suppe damit binden. Zum Schluss die Sahne hinzugeben. Das Fleisch auf Tellern anrichten und das Gemüse darüberfüllen.

Im Sommer fuhren wir mit Fahrrädern häufig nach Duvendiek, einem Dorf hinter Niepars, wo meine Eltern mit einer Bauernfamilie befreundet waren. Da kauften sie dann frische Eier. Und wir Kinder durften uns im Garten hinterm Haus durchnaschen. Wir pulten Erbsen aus und zerkratzten uns an den Himbeersträuchern. Auch bei der Obsternte haben wir geholfen, vor allem bei den Schwarzen Johannisbeeren. Und im Herbst haben wir die Streuobstwiese abgesammelt und uns die Taschen mit Fallobst vollgestopft. Meine Mutter hat immer eine Stiege Lageräpfel mitbekommen, die haben wir dann zu Ringen verarbeitet und auf langen Schnüren über dem Ofen getrocknet. Zusammen mit altem Brot gab das eine herrliche Suppe.

Edith Köster, Jahrgang 1931, Tribseer Vorstadt

Brotsuppe mit Früchten

250 g getrocknetes Brot
100 g Trockenobst oder
2 Äpfel
1 Zitrone
1 Nelke
Salz & Zimt
2 EL Zucker
250 ml Weißwein
2 EL Butter
1 frischer Apfel

Brot und Obst würfeln, mit 500 ml Wasser in einen Topf geben. Zucker und eine Prise Salz hineintun und etwa 20 Minuten kochen. Die Suppe grob pürieren. Mit der abgeriebenen Schale einer Zitrone, deren Saft, Zimt, Nelke und Zucker würzig abschmecken. Den Weißwein hinzugießen und nicht mehr kochen lassen. Einen Apfel schälen, entkernen, in kleine Würfel schneiden und diese in ausgelassener Butter dünsten. Zum Servieren über die Suppe streuen. Dazu Zimt und Zucker reichen.

»Sehr bekömmlicher Gurkensalat – auch für magenschwache Leute«. Unter dieser Überschrift fand sich dieses Rezept in einer kleinen Broschüre namens »Das saure Buch«, herausgegeben in den 20er-Jahren des 20. Jahrhunderts von der Norddeutschen Essigsprit-Fabrik Albert Schülke G.m.b.H. Stralsund, seinerzeit zu finden unter der Anschrift An der Schleusenbrücke 14. Es war der Hausfrau gewidmet vom »Reichsverband der deutschen Essig-Fabrikanten«. Neben allerlei Wissenswertem über Herstellung und Qualität von Essig und Senf fand sich auch ein kleiner Lieferschein besagter Fabrik am Innendeckel angeklebt. Und darauf hatte die Hausfrau handschriftlich ihr ultimatives Gurken-Einlege-Rezept notiert: »Gurken schichtweise in einen Topf legen, mit Weinblättern, Dill, in Scheiben geschnittenem Meerrettich, gereinigtem heilen Ingwer und Chalotten. Tunke aus: Weinessig, Wasser, Pfeffer, Gewürzkörnern, Lorbeerblättern, Salz. Tunke kochen, nach Erkalten über die Gurken gießen, einwecken.« Die typischen Notizen einer Hausfrau. Wenn man das jetzt nachkochen möchte, würde jeder seine eigene »Tunke« ausprobieren – und nie würde es so schmecken wie Omas Eingeweckte ...

Bekömmlicher Gurkensalat

1 Salatgurke
Salz, Pfeffer & Zucker
1 l Wasser
100 ml saure Sahne
1 EL Essig
1/2 Bd. Schnittlauch

Die Gurke schälen, in zwei Hälften schneiden und in leicht gesalzenem, kochenden Wasser etwa 2 Minuten blanchieren. Abschrecken, abtropfen lassen und nach dem Erkalten in feine Scheiben schneiden. Eine Marinade aus verquirlter saurer Sahne, Essig, Salz, Pfeffer und einer Prise Zucker bereiten und behutsam mit den Gurkenscheiben vermischen. Zum Schluss die fein geschnittenen Schnittlauchröllchen unterheben.

Rezepte für Heringssalat gibt es so viele, wie Stralsunder um einen Tisch sitzen. Jede Familie schwört auf ihre eigene Zubereitungsart. Und in jeder Familie gehört der Heringssalat zu einem ganz bestimmten Ereignis, ob nun Heiligabend, Pfingsten (wenn die fetten Heringe auf ihrer alljährlichen Wanderung durch die Ostsee den Rügendamm passieren), Gartenparty, Opas Geburtstag oder Silvesterball. Häufig versammeln sich mehrere Familienmitglieder – meist Frauen – stundenlang um einen Tisch, um alle Zutaten zu schnippeln, zu schwatzen und auch schon mal ein Kräuterlikörchen zu zwitschern. Denn es dauert seine Zeit, bis die riesige Schüssel voll ist. Wahrscheinlich gibt es in fast allen Familien eine solche Riesenschüssel, die eigentlich niemand braucht und die nur einmal im Jahr für den Heringssalat hervorgeholt wird. Eins jedoch haben die meisten Stralsunder Rezepte gemeinsam: Der Fisch bekommt im Salat Gesellschaft von Fleisch. Hier das Rezept meiner Mutter, das natürlich das einzig Wahre ist!

Katrin Hoffmann, Altstadt

Heringssalat

300 g gekochtes Kalbfleisch
300g Salzheringe
300 g Pellkartoffeln
3 Äpfel & 1 Zwiebel
100 g Rote Beete
100 g Gewürzgurken
3 Eier
1 EL Senf & 3 EL Weinessig
3 EL Öl
Pfeffer & Salz

Salzheringe über Nacht wässern, abtrocknen und filetieren. Kartoffeln abkühlen lassen und schälen. Eier hart kochen. Äpfel schälen, vierteln und entkernen, Zwiebel abpellen. Alle Zutaten in recht kleine Würfel schneiden. Eine Marinade aus Senf, Essig, Öl, Salz und Pfeffer anrichten, eventuell einige Löffel Brühe dazugeben. Vorsichtig miteinander vermischen und mehrere Stunden ziehen lassen.

Fischklopse

1 kg Fischfleisch
ohne Gräten
200 g altbackenes Weißbrot
oder 100 g fein
gemahlene Grütze
100 g Grieß
50 g Margarine zum Braten
150 g Mehl
100 g Zwiebeln
Salz, Pfeffer & Muskat
gemahlener Koriander
Petersilie & Dill

Den in grobe Stücke geschnittenen, gewaschenen Fisch, die Hälfte der gehackten Zwiebeln und das eingeweichte, gut ausgedrückte Weißbrot beziehungsweise die Grütze zweimal durch den Fleischwolf drehen. Mit Salz, Pfeffer, gehackten Kräutern, ein wenig Muskat und Koriander abschmecken. Mit dem Grieß mischen, nach Bedarf mit etwas Mehl weiter binden. Aus der Masse Klopse formen und in heißem Fett auf beiden Seiten braten. Dazu Kartoffeln in heller Tunke reichen.

Kartoffeln in heller Tunke

- 1 kg Kartoffeln
- 20 g Fett
- 50 g Zwiebeln
- 50 g Mehl
- 1/2 l Brühe
- 1/4 l Milch
- Salz & Thymian
- Basilikum
- Schnittlauch

Pellkartoffeln am Tag vorher kochen, schälen und in Scheiben schneiden. Aus Fett, gehackten Zwiebeln und Mehl eine helle Schwitze bereiten, mit Brühe und Milch ablöschen. Mit Salz und den gehackten Kräutern würzen. Auf die Kartoffeln verteilen und ganz kurz aufkochen, dann noch etwa 5 Minuten ziehen lassen.

Dorsch in Petersiliensoße

- 1 kg Dorsch
- 1 Petersilienwurzel
- 1 Zwiebel
- 50 g Butter & 40 g Mehl
- 1/4 l Milch
- 1/8 l saure Sahne
- 2 Bd. fein gehackte Petersilie
- Salz & Zucker

Den Dorsch putzen, waschen und in drei bis vier Stücke teilen. Aus der Petersilienwurzel, der Zwiebel, Salz und Wasser einen Fond kochen. Darin die Fischstücke gar ziehen lasssen. Für die Soße aus Butter und Mehl eine helle Schwitze bereiten und mit Milch ablöschen. Saure Sahne und etwas Fischfond dazugeben, bis eine sämige Konsistenz erreicht ist. Zuletzt die gehackte Petersilie einrühren. Fisch und Soße mit Salzkartoffeln reichen.

Béchamelkartoffeln mit Räucherhering

1,2 kg Kartoffeln
80 g durchwachsener Räucherspeck
1 Zwiebel & 2 EL Mehl
200 ml Milch
Pfeffer & Salz
Muskat & Zucker
4 geräucherte Heringe

Pellkartoffeln kochen, noch warm schälen und in Scheiben schneiden. Speck und Zwiebeln fein würfeln. Speck auslassen, Zwiebelwürfel darin glasig dünsten. Das Mehl überstäuben, kurz durchschwitzen und mit Milch ablöschen. Die Soße mit Salz, Pfeffer, Muskat und Zucker abschmecken. Die Kartoffeln hineingeben und nochmals kurz aufkochen. Als Beilage zu den Béchamelkartoffeln je einen Räucherhering auftragen.

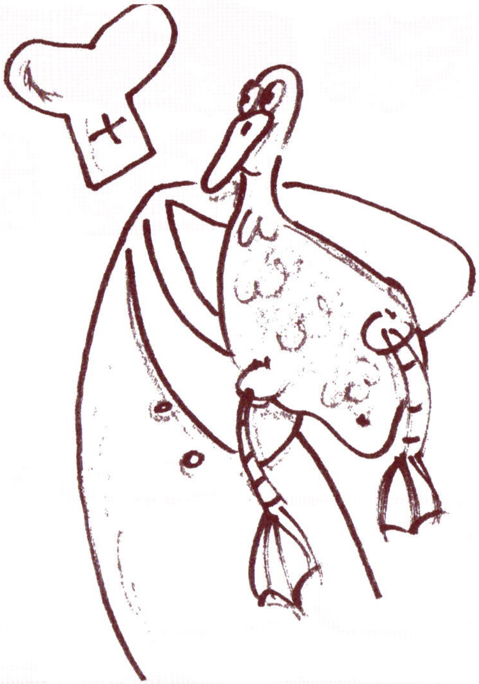

Ich bin ja ein Mädel vom Lande. Wir wohnten in Neu-Lüdershagen, buchstäblich im letzten Haus am Wald. Ich weiß noch, dass es da ganz viel Geflügel gab: Gänse, Enten und Hühner. Und so im Spätherbst war das große Geflügelschlachten dran. Schwarzsauer gehörte ganz selbstverständlich dazu. Es hat mich überhaupt nicht gestört, was da alles ´reinkam, sogar die Köpfe und Füße der Gänse. Schweine schlachten war hingegen überhaupt nicht mein Ding. Da etwa Blut rühren? Oh nein, konnte ich nicht, ging nicht. Aber Gänse-Schwarzsauer war völlig normal.

Marianne Kahn, Altstadt

Gänse-Schwarzsauer

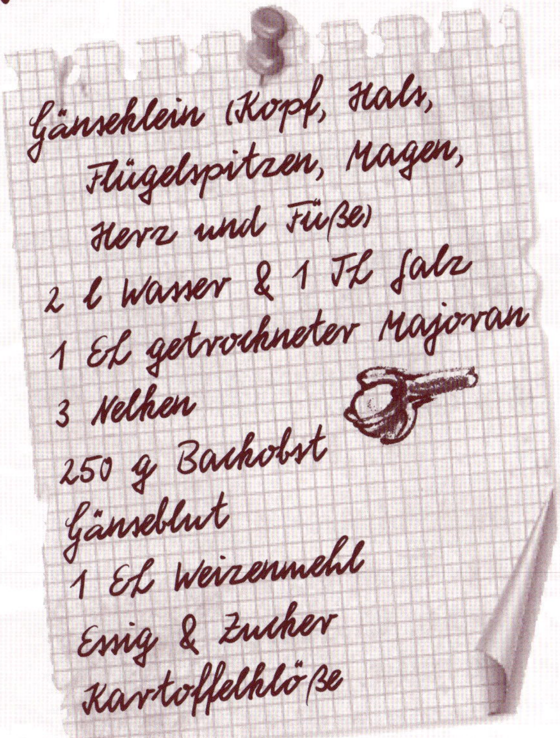

Die Füße brühen und enthäuten, die übrigen Gänseteile säubern. Vom Kopf die Augen entfernen und den Schnabel abschlagen. Wasser mit Salz, Majoran und Nelken aufkochen, Gänseklein hineingeben, erneut aufwallen lassen und dann auf kleiner Flamme etwa zwei Stunden köcheln. Backobst mit lauwarmem Wasser bedecken und aufquellen lassen. Brühe durchsieben, darin die Klöße und das Backobst garen. Beides wieder herausnehmen. Das Mehl mit dem Gänseblut verquirlen und die Brühe damit andicken. Mit Essig und Zucker süßsauer abschmecken. Fleisch von den Knochen lösen, wieder in die Soße geben und über die auf einem Teller mit Backobst angerichteten Klöße füllen.

Gefüllter Rippenbraten

- 1,2 kg dicke Rippe
- Salz & 2 Äpfel
- 100 g Backpflaumen
- Schale einer 1/2 Zitrone
- 1 EL Zucker & 1/2 TL Zimt
- 50 g Margarine
- 1/2 l Brühe
- 100 g Rübensirup
- 1 Glas Sauerkraut
- 1 TL Zucker
- 100 ml Apfelsaft
- 1 EL Kartoffelstärke

In den Rippenbraten längs eine große Tasche schneiden, innen und außen salzen. Die entsteinten Backpflaumen mit lauwarmem Wasser bedecken, etwas quellen lassen und dann ausdrücken. Äpfel schälen, vierteln, Kerngehäuse entfernen und in dicke Spalten schneiden. Mit den Backpflaumen, der abgeriebenen Zitronenschale und Zimtzucker mischen. Den Rippenbraten damit füllen und grob zunähen oder mit Zahnstochern verschließen. Margarine auslassen und den Braten darin rundrum anbräunen. Etwas Brühe angießen und in den Backofen schieben. Bei 180° C zwei Stunden langsam garen, dabei immer wieder Brühe hinzufügen und den Braten begießen. Zum Schluss das Fleisch auf eine feuerfeste Platte legen und mit reichlich Rübensirup einpinseln. Nochmals etwa 20 Minuten in den Ofen schieben. Den Bratensatz loskochen und mit Kartoffelstärke andicken. Das Sauerkraut abspülen, mit dem Apfelsaft erwärmen und mit Zucker abschmecken. Rund um den Rippenbraten anrichten und dazu Soße und Salzkartoffeln reichen.

Gebratene Möhren

Möhren putzen und klein schneiden, Zwiebel abziehen und fein hacken. Beides in heißem Fett scharf anbraten, mit Salz und Pfeffer würzen. Ganz wenig Wasser dazugeben, Deckel aufsetzen und nur so lange schmoren, dass das Gemüse bissfest bleibt. Mit viel gehackter Petersilie und einem Stich Butter zu Kartoffeln oder als Beilage zu Fleisch servieren.

Sahnenierchen

Die Nieren kräftig abwaschen, der Länge nach halbieren, die Röhren heraustrennen. Das Fleisch in Scheiben schneiden. Mit Wasser bedecken und aufkochen, dabei abschäumen. Knapp 5 Minuten kochen lassen, dann durch ein Sieb abgießen. Die Nierchen abspülen und gut abtropfen lassen. Margarine in einem Topf auslassen und die Nierenstückchen darin kräftig anbraten. Nehmen sie etwas Farbe an, die fein gehackten Zwiebeln hinzugeben und mit anbräunen. Schließlich Senf und Tomatenmark unterrühren und mit Mehl bestäuben. Nochmals alles durchschwitzen. Mit saurer Sahne und etwa 1/4 l Wasser ablöschen. Auf kleiner Flamme 30 Minuten dünsten lassen. Zum Schluss die klein gewürfelten Gewürzgurken im Ragout erwärmen. Dazu passen Salzkartoffeln.

Apfelgulasch

500 g Schnitzelfleisch
1 Zwiebel
Salz & Pfeffer
2 Äpfel
2 EL Ketchup
Paprika edelsüß

Das Fleisch würfeln und mit der klein geschnittenen Zwiebel scharf anbraten. Salzen und pfeffern. Kurz vor dem Garwerden die grob geschnittenen Apfelstücke dazugeben. Mit Ketchup und Paprikapulver abschmecken. Dazu passen frisches Brot oder Brötchen.

Klopfschinken mit Specksalat

300 g roher Schinken
1/2 l Milch & 120 g Mehl
1 Ei & 1/8 l Bier
1 TL Öl, Muskatnuss & Salz
Butterschmalz zum Braten
1 Kopfsalat
125 g durchwachsener Speck
1 Zwiebel
2 EL Essig & 3 EL Zucker
gemischte Kräuter
(z. B. Petersilie, Kerbel,
Dill & Schnittlauch)

Den Schinken in etwa 5 Millimeter dicke Scheiben schneiden und mit dem Handballen etwas flach drücken. In einer flachen Schale mit Milch übergießen und 2 Stunden ziehen lassen. Einen glatten Teig aus Mehl, Ei, Bier und Öl anrühren und etwa 15 Minuten ruhen lassen. Dann die Schinkenscheiben durch den Teig ziehen und in reichlich Butterschmalz goldgelb backen. Für den Salat den Speck klein schneiden und die Zwiebel fein hacken. Beides in einer Pfanne auslassen. Etwa 1/8 l Wasser auffüllen und etwas einkochen lassen. Essig und Zucker dazugeben und so lange rühren, bis sich der Zucker aufgelöst hat. Vom Feuer nehmen und die gehackten Kräuter unterheben. Den Salat waschen, trocken schütteln und in grobe Stücke rupfen. Auf den Tellern verteilen und mit der warmen Marinade übergießen. Den Klopfschinken darauf anrichten.

Brotauflauf mit Speck

- 3 altbackene Brötchen
- 200 g Räucherspeck
- 200 g rote Zwiebeln
- 2 EL Butter
- 1/2 Bd. Petersilie
- 3 Eier
- 300 ml Milch
- 100 ml Sahne
- Salz, Pfeffer & Muskat

Die Brötchen in dünne Scheiben und den Speck in Streifen schneiden. Zwiebeln abziehen, halbieren und ebenfalls in feine Streifen schneiden. Butter in einer Pfanne erhitzen. Speck und Zwiebeln darin kurz anbraten und dann etwa 5 Minuten dünsten. Inzwischen die Petersilie abbrausen, trocken schütteln und fein hacken. Etwas zur Dekoration aufheben, die übrigen Kräuter mit in die Pfanne rühren. Backofen auf 180 °C vorheizen. Eier mit Milch und Sahne verquirlen und mit etwas Salz, Pfeffer und geriebener Muskatnuss abschmecken. Eine feuerfeste Form ausfetten. Eine Schicht Brötchenscheiben hineinlegen, die Speck-Zwiebel-Mischung darauf verteilen und mit einer weiteren Schicht Brötchenscheiben abdecken. Zum Schluss die Eiermilch über den Auflauf gießen. Im Ofen 30 bis 35 Minuten goldbraun backen. Zum Servieren mit gehackter Petersilie bestreuen.

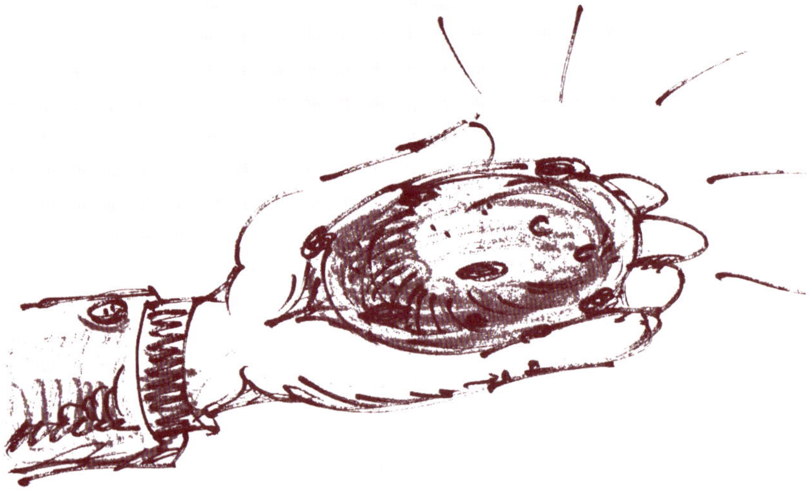

In unserer Familie aß man keine Tollatschen. Mein Vater stammte aus Ostpreußen und alles, was mit mehr als Salz, Pfeffer und Zucker gekocht war, bezeichnete er mit dem abschätzigen Begriff »Taiga-Gewürze«. Und nun gar ein Blutkuchen mit Rosinen?! Nein, das war bei uns undenkbar! Mit 16 Jahren interessierte sich das erste Mal ein Junge für mich. Um mich zu erfreuen, hatte er aus der Küche seiner Mutter einen Tollatschen gemopst und mir zum Nachmittagsspaziergang mitgebracht. Er schmeckte scheußlich nach »Taiga-Gewürzen«. Ich würgte und würgte, aber ich aß tapfer alles auf, und nickte mit vollen Backen, während mein Freund immer wieder fragte: »Na, schmeckt der nicht prima?« Erst im Alter habe ich wirklich Geschmack an Tollatschen gefunden. So lange hielt die Aversion meines Vaters wohl an.

Edith Grimm, Jahrgang 1926, Knieper West

Tollatschen

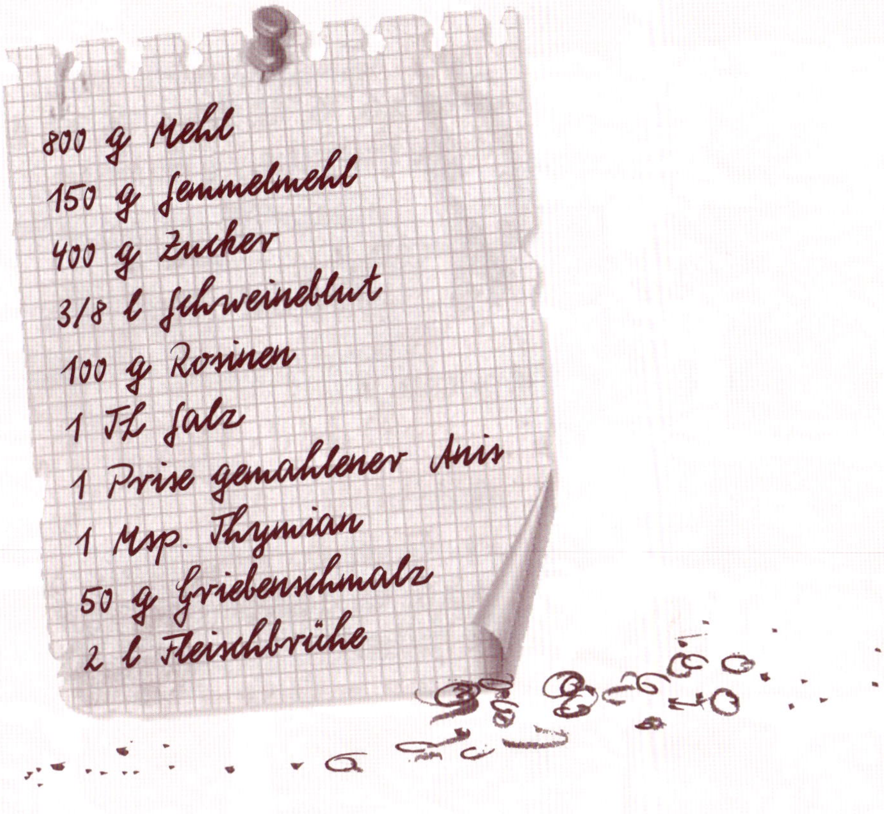

Mehl, Semmelmehl und Zucker mischen. Das Schweineblut mit einigen Tropfen Essig vermischen und darunterrühren. Rosinen, Salz, Gewürze und Schmalz unter die Masse kneten. Sollte sie zu weich geraten sein, noch etwas Mehl hinzugeben. Faustgroße Klöße formen und in der heißen Fleischbrühe 10 bis 15 Minuten gar ziehen lassen. Kalt auf Schwarzbrot essen oder in Scheiben schneiden und in Schweinefett aufbraten. Dazu gedünstete Apfelringe reichen.

Pröppers

Kartoffeln schälen und in reichlich Salzwasser garen. Durch ein Sieb gießen, das Kochwasser dabei auffangen. Milch und 1 EL Butter an die Kartoffeln geben und grob stampfen. Dann immer wieder Kochwasser hineingießen und weiter stampfen, bis ein relativ dünner Brei entstanden ist. Den Speck in kleine Würfel schneiden und in 1 EL Butter kross ausbraten. Über den Kartoffelbrei füllen und mit je einer dicken Scheibe Corned Beef servieren.

Brotpudding

Brötchen rundherum abreiben, das Semmelmehl dabei auffangen. Die »nackten« Brötchen dann in Milch einweichen und nach einiger Zeit ausdrücken. Rosinen, Grieß, Zucker, Eier und die abgeriebene Schale sowie den Saft einer Zitrone damit verrühren. Das Semmelmehl darüberstreuen. Eine Puddingform fetten, Masse einfüllen und im Wasserbad eine Stunde stocken lassen. Stürzen und mit Stachelbeerkompott oder Roter Grütze anrichten.

Apfelklöße

4 saure Äpfel
etwa 80 g Mehl
Wasser
1 TL Salz
Zimt & Zucker
50 g Butter

Die Äpfel schälen, vierteln, entkernen und in kleine Würfel oder Schnitzel schneiden. Mehl darüberstäuben und esslöffelweise so viel Wasser dazugeben, dass eine gebundene Masse entsteht, die beim Rühren Blasen wirft. Die Apfelstücke sollen dabei den Hauptbestandteil der Masse bilden, das Mehl nur binden. Reichlich Wasser mit Salz zum Kochen bringen, dann herunterschalten. Mit zwei Esslöffeln Apfelklöße abstechen und ins nicht zu heiße Wasser gleiten lassen. 8 bis 10 Minuten gar ziehen, dann mit einer Schaumkelle herausheben. Mit brauner Butter übergießen und mit Zimt und Zucker bestreuen.

Kirschen in Essig

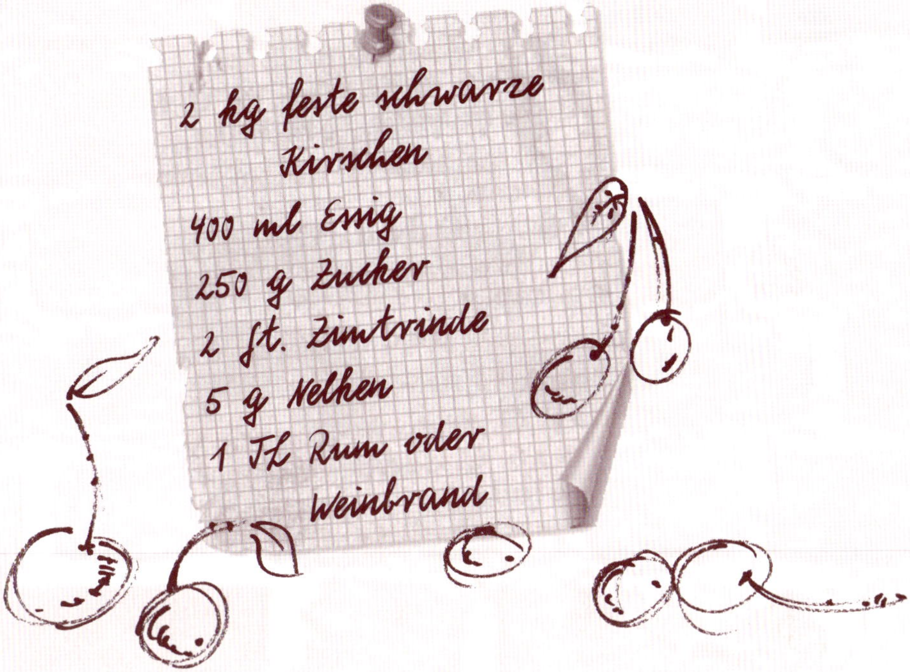

Kirschen waschen und entkernen. Essig mit Zucker und Gewürzen aufkochen und über die Kirschen gießen. Einen Tag ziehen lassen. Durch ein Sieb gießen, den Sud gleich in einen Topf rinnen lassen. Nochmals 10 Minuten kochen und erneut über die Kirschen gießen. Am dritten Tag Vorgang wiederholen, den Essigsirup diesmal 30 Minuten lang einkochen. Etwas abkühlen lassen und lauwarm über die Kirschen gießen. Nach dem vollständigen Erkalten in ein großes Glas füllen. Ein Stück Pergamentpapier von der Größe der Öffnung mit Rum oder Weinbrand anfeuchten und auf die Kirschen legen. Mit Pergamentpapier gut zubinden und kühl aufbewahren. Essigkirschen schmecken hervorragend zu Wild und Fleisch, aber auch als Füllung für gedünstete Birnenhälften oder als Brotaufstrich.

Die feine Caféhaus-Kultur setzte sich in Stralsund erst relativ spät durch. Das erste Kaffeehaus wurde 1898 am Alten Markt 16 eröffnet und war zunächst nicht sehr erfolgreich, denn die ersten Betreiber wechselten schnell. Aber 1909 übernahm der damals 27-jährige Konditormeister Eduard Mehlert das Geschäft und machte es in den folgenden Jahrzehnten zu einer Stralsunder Institution. Bis in die 80er-Jahre hinein bekamen die Backfische sehnsüchtige Augen, war vom Tanz im Café Mehlert (zu DDR-Zeiten offiziell »Ratscafé«) die Rede. Tante Anna, wie die Ehefrau des Inhabers genannt wurde, verwöhnte viele Jahrgänge junger Soldaten, die in der Stadt stationiert waren, mit Mutterwitz und leckerem Kuchen. Eine Spezialität des Hauses waren übrigens Baumkuchenspitzen. Der traditionelle pommersche Hochzeitskuchen wurde in der Mehlert'schen Großbäckerei aus folgenden Zutaten bereitet: 32 Eier, 1 kg Zucker, 1 kg Weizenmehl, 1 kg Butter, 1/4 l Sahne, 1/8 l Arrac, Abrieb von 1 1/2 Zitronen, 3 EL geriebene Mandeln, Kardamom, Vanillezucker, 1 Prise Salz und ausreichend Schokoglasur ...

Stralsunder Pfeffernüsse

500 g Rübensirup
500 g Zucker
25 g Pottasche
1,25 kg Mehl
100 g Butter
je eine Msp. gemahlene Nelken, Piment, Kardamom & Muskatblüte
1/2 TL Zimt
Schale von 2 Zitronen

Pottasche in eine halbe Tasse Wasser geben und etwa eine Stunde einweichen. Die Flüssigkeit dann vorsichtig abgießen, so dass die Pottasche auf dem Tassengrund bleibt. Einige EL frisches Wasser auffüllen und die Pottasche darin gründlich verrühren. Sirup und Zucker vermischen und unter Rühren aufkochen. Mehl in eine große Schüssel sieben, die Gewürze sowie die abgeriebene Zitronenschale untermischen und am Rand rundrum mit Butterflöckchen besetzen. Aufgelöste Pottasche und heißen Sirup in die Mitte gießen und mit dem Rührgerät vermengen. Zum Schluss den Teig mit den Händen kräftig durchkneten. Fingerdicke Rollen formen, davon nussgroße Stücke abschneiden und auf ein mit Backpapier ausgelegtes Blech setzen. Ofen auf 180 °C vorheizen. Pfeffernüsse 12 bis 15 Minuten backen. In Blechschachteln aufbewahrt, sind sie monatelang haltbar.

Eierschecke ist eigentlich ein typisch Dresdner Kuchen. Meine Großeltern stammten auch von dort. Weil mein Großvater aber ein Seemann wurde, waren sie an die Küste gezogen und lebten seit 1896 in Stralsund. Meine Mutter wurde kurze Zeit später auch schon hier geboren. Es handelte sich also um ein typisches Familienrezept, das aber bald in der ganzen Nachbarschaft bekannt war. »Emma, bäck'ste dieses Wochenende wieder Eierschecke?«, fragten die Frauen aus dem Haus, denn sie wussten, dass meine Oma häufig lange allein war und man ungestört in ihrer Küche sitzen und klönen konnte. Wenn die Zeiten schwer waren, steuerten die Nachbarsfrauen auch einige Zutaten bei, nur damit sie ihre geliebte Eierschecke gebacken bekamen. In der Generation meiner Mutter und in meiner wurde das Rezept dann eifrig ausgetauscht. Vielleicht kann ich ohne Bescheidenheit behaupten, dass meine Familie den Stralsundern Dresdner Caféhaus-Kultur gebracht hat.

Erna Dietze, Jahrgang 1926, Tribseer Vorstadt

Eierschecke

Für den Hefeteig:

250 g Mehl
1/8 l Milch
10 g Hefe & 25 g Zucker
1 Prise Salz
20 g Butter
1 Citro-Back
20 g Margarine

Für die Quarkmasse:

300 g Quark
2 Eier
50 g Butter
50 g Zucker
20 g Mehl & 3 EL Milch
100 g Rosinen

Für die Streusel:

100 g Mehl
50 g Butter
50 g Zucker
Vanillezucker

Für den Belag:

6 Eier
100 g Puderzucker
50 g Mehl
1/8 l Schlagsahne
10 g bittere Mandeln

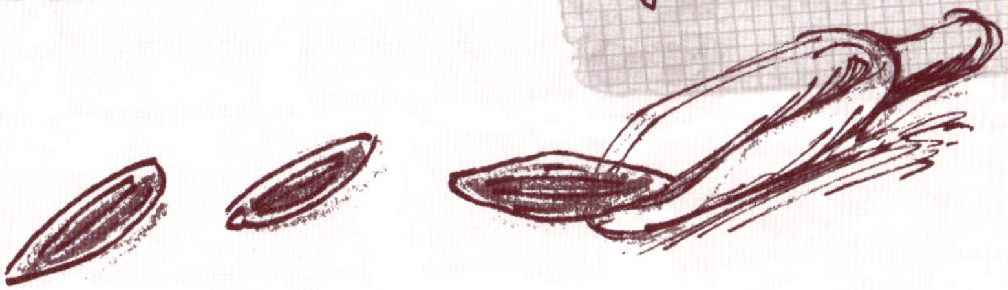

Hefe in die Milch bröseln, Zucker hinzufügen und leicht erwärmen, bis sie sich aufgelöst hat. Mit allen übrigen Zutaten für den Hefeteig vermengen und mindestens eine Stunde gehen lassen. Ein Backblech von der Größe 30 x 40 cm mit der Margarine gut fetten. Den Teig nochmals durchkneten und auf dem Blech dünn ausrollen. Für die Quarkmasse alle Zutaten außer der Butter und den Rosinen kräftig verrühren. Die Butter bei leichter Hitze langsam auslassen und zum Schluss in die Masse geben. Dann die Zutaten für die Streusel verkneten, am besten mit den Fingern. Die krümelige Masse etwas kalt stellen. Für die Eierschecke die Eier trennen, das Eiweiß steif schlagen und zum Schluss den Puderzucker einrieseln lassen. Die Dotter mit dem Mehl und den fein gehackten Mandeln verrühren und unter den Eischnee heben. Zuletzt die separat steif geschlagene Sahne unterziehen. Der Hefeteig wird nun mit der Quarkmasse bestrichen. Die Rosinen und die Streusel darüberstreuen. Dann die Eiermasse auftragen. Bei 180° C im vorgeheizten Ofen etwa 50 Minuten backen. Vorsicht: Die Eierschecke verflüssigt sich zunächst. Deshalb muss das Blech ganz gerade stehen und möglichst einen hohen Rand haben. Eventuell mit etwas Alufolie selbst nachhelfen, um das Herabtropfen der Masse zu verhindern.

Ich kann mich an keinen Winter erinnern, in dem die Teiche nicht zugefroren waren. Wir sind immer den ganzen Nachmittag auf dem Moorteich umhergeschlittert. Fast jedes Kind hatte auch einfache Kufen zum Umschnallen, die hat der Schmied einmal im Jahr geschliffen, damit sie scharf waren. Jedenfalls waren wir immer tüchtig durchgefroren, wenn wir vom Eis kamen. Meine Mutter zog mir dann laut schimpfend die nassen Sachen aus, stopfte mich unter eine Decke in die Sofa-Ecke und brachte mir eine große Tasse heißen Muckefuck. Und dazu gab es einen herrlichen Keks. Der musste eingetaucht werden und zerging dann ganz langsam im Mund. Mit Tee schmeckten die Dinger genauso gut, deswegen hießen sie wohl auch so. Die Teekekse meiner Mutter werde ich nie vergessen.

Hanne Appelmann, Jahrgang 1928, Tribseer Vorstadt

Tribseer Teekekse

150 g Butter
250 g Zucker
5 Eier
250 g Kartoffelstärke
500 g Weizenmehl
1 Pck. Vanillezucker
1 Pck. Backpulver
75 g Edelbitter-
schokolade

In einer großen Schüssel beide Sorten Mehl mit Zucker, Vanillezucker und Backpulver vermischen. In die Mitte eine Mulde drücken und die Eier hineingleiten lassen. Die Butter in Flöckchen rundherum setzen. Dann alles gründlich durchkneten, zum Schluss auf dem Tisch zu Ende kneten. Auf leicht bemehlter Arbeitsfläche dünn ausrollen. Mit einer langen Stricknadel oder einem Schaschlikspieß kreuz und quer Rillen in den Teig drücken. Dann mit einem Schnapsglas runde Plätzchen ausstechen. Im vorgeheizten Ofen bei 180° C etwa 12 Minuten backen. Schokolade in ein kleines Töpfchen zerkrümeln und im Wasserbad langsam schmelzen lassen. Mit einem Teelöffel kreuz und quer Schokoladenfäden über die abgekühlten Kekse ziehen. Über Nacht im Keller aushärten lassen und anschließend in Blechdosen aufbewahren.

Anfang des 20. Jahrhunderts war in Stralsund ein Gebäck sehr in Mode gekommen, das man »Boworskis« nannte. Dabei handelte es sich um Kuchen von der Größe, Farbe und Form von Buletten, der mit eigenartigen Gewürzen versetzt war. Erfinder und Namensgeber soll ein Leutnant von Boworski, der beim Infanterie-Regiment Nr. 14 in Stralsund diente, gewesen sein. Der erste Hersteller dieser Küchlein fand sich in unmittelbarer Nachbarschaft der Stadtwache: Konditormeister Hermann Tehnsen, dessen Geschäft am Ausgang des Alten Marktes zur Ossenreyerstraße lag, also etwa dort, wo heute die Stadtinformation zu finden ist. Wahrscheinlich handelte es sich bei den »Boworskis« um eine Abwandlung des Danziger Zwiebacks, dem einige Gewürze und zum Färben eine Prise Kakao beigefügt waren.

Danziger Zwieback

1 kg Weizenmehl
50 g Butter
3 Eier
250 g Butter
3 EL süße Sahne
10 Bittermandeln
100 g süße Mandeln
100 g Zucker

Mandeln überbrühen, abschrecken, abziehen und in grobe Stifte hacken. Die Mandelstifte mit dem Zucker mischen. Butter auf kleiner Flamme langsam auslassen, zum Schluss mit der Sahne verrühren. Mehl in eine Schüssel sieben, mit dem restlichen Zucker vermischen, Fett und 3 Eigelb hinzugeben und kräftig verkneten. Aus dem Teig Kugeln mit einem Durchmesser von etwa 3 cm formen, mit einigem Abstand auf ein mit Backpapier ausgelegtes Blech setzen und dort mit der Hand flach drücken. In die Mitte eine kleine Vertiefung pressen, mit Eiweiß bestreichen und die Mandelmischung hineinstreuen. Bei 200 ° C im Backofen 12 bis 15 Minuten goldbraun backen. Bei trockener Lagerung hält sich Danziger Zwieback mehrere Wochen.

Ich bin mir fast sicher, dass Prasselkuchen eine echte Stralsunder Spezialität ist. In meiner Kindheit hatte den hier jeder Bäcker. Es war eine Art Restekuchen, meine Mutter meinte immer »aus dem Zusammengefegten der Backstube«. Er war billig und knusprig und lecker, und ich habe ihn in keiner anderen Gegend Deutschlands wiedergefunden, obwohl ich wirklich viel gereist bin. Und das Beste daran ist: Es gibt noch einen Bäcker in Stralsund, der Prasselkuchen macht, allerdings nicht alle Tage. Das ist der »Treppen-Bäcker« in der Großen Parower Straße. Der hieß bei uns schon immer so, weil einige Stufen in den Laden hinaufführen. Wann immer ich Gelegenheit habe, setze ich mich aufs Rad und hole ein paar Stücke.

Hans-Werner Kleiber, Jahrgang 1938, Knieper Nord

Prasselkuchen

1 Pck. Blätterteig
(aus dem Kühlregal)
250 g Butter
10 EL Mehl
5 EL Zucker
1 Vanillezucker
1 Prise Salz
50 g Milch

Blätterteig dünn auf ein Blech ausrollen. Mit einem scharfen Messer in 12 gleich große Stücke teilen. Blätterteig mit Milch bestreichen. Butter mit Mehl und den übrigen Zutaten verkneten, so dass gleichmäßig große Streuseln entstehen. Dafür am besten mit den Händen arbeiten. Streusel auf dem Blätterteig verteilen. Im vorgeheizten Backofen bei 180° C etwa 20 Minuten backen. Blech sofort aus dem Ofen ziehen, damit der Kuchen knusprig bleibt.

Heißwecken gab es in Stralsund traditionell zu Fastnacht. Dabei handelte es sich um ein Gebäck aus Weizenmehl, das wie ein Brötchen aufgeschnitten wurde. Erst wurden die Hälften fingerdick gebuttert, dann dicht an dicht mit Rosinen bestreut. Ich glaube, es kam auch noch Zimtzucker dazwischen. Dann klappte man die Wecken wieder zusammen, schnitt die Oberseite mehrmals tief ein und goss heiße Vanillesoße darüber. Junge, war das lecker! Allerdings konnte man sich auch hervorragend damit bekleckern.

Caroline Lasser, Jahrgang 1925, Franken Vorstadt

Heißwecken

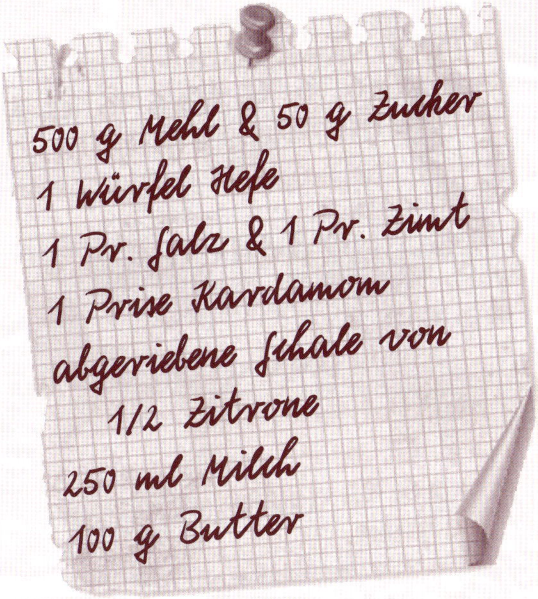

Milch leicht erwärmen, Zucker einrieseln lassen und Hefe hineinwürfeln. So lange vorsichtig weiter wärmen und rühren, bis die Hefe aufgelöst ist. Mehl mit den Gewürzen mischen, mit Butterflöckchen besetzen und in die Mitte das Hefe-Milch-Gemisch gießen. Mindestens 5 Minuten kneten, zunächst mit dem Rührgerät, dann mit den Händen. Teig mit etwas Mehl überstäuben, Schüssel mit einem feuchten Tuch abdecken und an einem warmen Ort mindestens 45 Minuten gehen lassen. Teig mit bemehlten Händen durchkneten und zu einer Rolle formen. In 12 gleich große Stücke schneiden und auf ein mit Backpapier ausgelegtes Blech setzen. Zugedeckt nochmals 15 Minuten gehen lassen. Den Ofen auf 200 °C vorheizen. Wecken mit etwas Milch bestreichen und 20 Minuten goldgelb backen. Wer mag, kann gleich 100 g Rosinen in den Teig geben und mitbacken. Heißwecken schmecken auch halbiert und wie Windbeutel mit Schlagsahne gefüllt sehr gut.

40 Jahre zwischen Apfelmus & Zitronencreme

Die Waldschenke am Apollonienmarkt im Juni 1975. *Foto: G. Ewald/Quelle: Stadtarchiv*

„Fisch auf jeden Tisch"

(Werbeslogan des VEB Fischverarbeitung Rostock)

1. Gang: Geflügel-Cocktail. 2. Gang: Kraftbrühe mit Einlagen. Hauptgang: Roastbraten und Schweinerücken, Sahnesauce, verschiedene Gemüse, Salzkartoffeln. Dessert: Obstsalat mit Sahne.

Kommt Ihnen bekannt vor? Hatten Sie etwa 1980 Jugendweihe und saßen mit Mama, Papa, Omma, Oppa, Onkel, Tante und drei Cousinen um eine Tafel im Restaurant »Mecklenburg« im gerade erst ein Jahr alten Gaststätten-Komplex »Stadt Stralsund« in Knieper West? Oder begingen Sie 1986 vielleicht Ihren 50. Geburtstag mit Empfang und Gratulationscour im Hotel »Am Bahnhof«? Oder gab es da nicht diese Trauergesellschaft anno 1978 in der »Stadtkoppel«? Dann kennen Sie ja das Standard-Menü, mit dem Familienfeiern in Stralsunder Gaststätten bedacht wurden. Soll nicht heißen, dass es nicht geschmeckt hat in den recht zahlreichen Restaurants der Stadt. War eben doch noch was anderes als Betriebskantine und Schulspeisung, wo sich die allermeisten Stralsunder die Woche über verköstigen ließen. Obwohl, die »Sahnesauce« ... Die stammte geschmacklich auch aus dem »RGW-Soßenverbundnetz«, wie man gern über die berühmt-berüchtigte »Braune Tunke« der hiesigen Groß- und Zentralküchen lästerte. Das Ur-Rezept für die »Braune Grundtunke« kann man übrigens bereits in dem Standardwerk namens »Gemeinschaftsküche« von Richard Schielicke, Leiter der Abteilung angewandte Kochwissenschaft im Institut für Ernährung Potsdam-Rehbrücke, erschienen 1951 in Leipzig, nachlesen: Fett erhitzen, in Scheiben geschnittene Zwiebeln darin andünsten, dann so viel Mehl zufügen, wie das Fett aufnimmt, unter ständigem Rühren bis zur hellbraunen Farbe schwitzen. Mit Brühe auffüllen, glatt rühren, das restliche, trocken gebräunte Mehl zufügen und 30 Minuten langsam kochen.

Dann durch ein Sieb geben. Wobei ein Blick in die Zutatenliste verrät, dass in der »Braunen Grundtunke« auf zwei Liter Knochenbrühe nur 50 g Fett und 50 g Zwiebeln, aber 150 g Mehl und »Gewürze nach Bedarf« gehören. Dafür lassen sich mit leichten Abwandlungen daraus Zwiebeltunke (zu Steak), Pilztunke (zu Pilzgemüse), Specktunke (zu Eiern) oder Paprikatunke (zu Fischklopsen) machen. Nach dieser Anleitung müssen Generationen von Soßenköchen in der DDR verfahren sein. Man hat den Geschmack förmlich noch auf der Zunge. Die Stralsunder Produktionsstätte für Tunken und andere kulinarische Halbfabrikate war übrigens lange im Ratsweinkeller zu finden. Erst 1965 bezog die Zentrale Vorbereitungsküche – so der amtliche Ausdruck – ein großzügigeres Domizil in Lobshagen am Frankenwall. Schon damals war die Zentralküche in der Lage, 50 000 Portionen vorbereitete Gerichte pro Monat herzustellen, berichtete die örtliche Presse stolz.

Natürlich gab es Höhepunkte im Soßen-Einerlei der vier Jahrzehnte zwischen Kriegsende und Wende. Spezialitäten-Wochen beispielsweise. Russische, ungarische, tschechische Küche – das war auch den Stralsundern ziemlich geläufig. Genauso wie sächsische, thüringische, brandenburger Küche – auch alles Ausland. Wobei selbst solche kulinarischen Exkurse mit einem gehörigen Schuss Ideologie gewürzt wurden: »Werte Gäste! Vom 19. bis 26. 9. 1980 führen wir Sie in der HO-G »Stadt Stralsund«, Restaurant »Mecklenburg«, auf die zweite gastronomische Reise durch die DDR. Berlin – Mecklenburg – Sachsen und Thüringen sind auch diesmal Stationen dieser Reise. Der HO Gaststättenbetrieb Stralsund besteht nunmehr 32 Jahre – das sind auch 32 Jahre erfolgreicher Entwicklung der gastronomischen Versorgung. Allein im HO Gaststättenbetrieb Stralsund entwickelte sich die Versorgungsleistung in den letzten 10 Jahren auf 163 Prozent ...« Huch, denkt man heute bestürzt, woran wurde das denn gemessen? Kamen auf einen Stralsunder nun etwa 1,63 Gaststättenstühle? Oder 163 Portionen in zehn Jahren? Aber denken wir uns nichts bei diesem planwirtschaftlichen Zahlenzauber, sondern lesen noch ein wenig weiter in der kurzweiligen Speisekarte: »Die zweite von uns organisierte gastronomische Reise soll das gestiegene Leistungsvermögen unserer Mitarbeiter demonstrieren. Gleichzeitig möchten wir uns damit bei unserer Parteiführung bedanken, die diese Entwicklung ermöglichte!« Eine schöne Einstimmung auf ein gutes Essen, nicht wahr? Vor allem, wenn man wieder mal eine gute Stunde gewartet hatte, bis ein Tisch frei war und man »platziert« wurde.

Dass man sich von mehr oder weniger gestresstem Servicepersonal herumkommandieren lassen musste, hat in Stralsund übrigens eine lange Tradition. Schon auf der ältesten im Stadtarchiv erhaltenen Mitropa-Speisekarte von 1952 heißt es gleich auf dem Deckblatt im barschesten Imperativ: »Wir bitten, Beschwerden und Wünsche sofort der Objektleitung vorzutragen.« Auf der gleichen Seite gibt es noch ein Kleingedrucktes, das dem Gast der Stralsunder Bahnhofsgaststätte mit eindeutigen Handlungsanweisungen versorgte: »Das Bedienungspersonal ist berechtigt, sofort zu kassieren und gehalten, die Pfennigrechnung zu achten.« Trinkgelder waren damals wohl noch nicht in Mode. Dafür bekam man alles ohne Marken, kalte Küche rund um die Uhr, warme Speisen zwischen 11 und 24 Uhr und das teuerste Gericht war Kalbsbraten mit Gemüse und Kartoffeln für 3 Mark. Kinder, Kinder, waren das noch Zeiten ...

Währung: Räucheraal

Natürlich ging's in der Nachkriegszeit auch hierzulande weniger um die Wurst, als vielmehr erstmal nur ums tägliche Brot. Aber Fisch gegessen wurde in Stralsund zu DDR-Zeiten selbstverständlich viel und das nicht nur wegen solcher Staatsparolen wie »Öfter Fisch und Sie leben gesünder« oder »Fisch auf jeden Tisch«. Der Werbedienst der volkseigenen Fischwirtschaft Rostock erwies sich da als äußerst kreativ und beschenkte die Verbraucher mit vielen launig gestalteten Rezeptbroschüren. Meistens ging es darin um den »Tausendkünstler Hering«, denn Edelfisch war Biegeware. Also solche, für die man sich schon sehr tief hinabbeugen musste, um sie unterm Ladentisch zu entdecken. Trotzdem fiel das Angebot in den Stralsunder Fischläden auch ohne Beziehungen noch erstaunlich gut aus. Wenn wir wieder mal über das dürftige Angebot meckerten, konterte unsere Tante in Nordhausen stets: »Määäänsch, seid doch froh, was ihr alles kricht! In unserem Fischladen steht nur Senf und Mayonnaise ...«

Das galt in Stralsund eher für den Wild- und Geflügelladen am Apollonienmarkt. Neben Senf und Mayonnaise gehörten in dem großzügigen, bis zur Decke gekachelten Geschäft höchstens noch Eier und Broiler aus der Gefriertruhe zum üblichen Angebot. Aber einoder zweimal im Jahr zierte ein besonderer Festtagsbraten das Schaufenster: Nutria! Fertig abgezogen, mit eingeschlagenem Schädel und riesigen gelben Nagezähnen. »Dat Nutria« – grammatikalisch korrekt die Nutria(ratte) – hat in Stralsund vielen Kindern und auch einigen Erwachsenen den Appetit auf Wild gründlich genommen.

Aber zurück zum Fisch: Wer einen Fischer kannte, war fein raus und hatte meistens auch einen kleinen Räucherofen im Garten. Räucheraal galt als eigene Währung. Noch heute geht das Gerücht, als die Volkswerft ein neues Verwaltungsgebäude brauchte, sei der Direktor mit einer Kiste Räucheraal nach Berlin gefahren, um die nötigen Bilanzmittel »einzuhandeln«. Wer keine Quelle für Aal hatte, angelte oder kaufte im Frühsommer Hornfisch, auch als »Arbeiteraal« betitelt. Der war wegen seiner grünen und daher leicht zu findenden Gräten sehr beliebt und schmeckte gebraten genauso lecker wie geräuchert. Und Hering? Ja natürlich, Hering gab es immer. Und in jeder Familie ein Rezept für den ultimativen Heringssalat. In den von meiner Mutter gehörten Gewürzgurken. Aber die waren in Stralsund auch eher Biegeware. Also nahm man zur Not Rote Beete. Da stand dann Weihnachten rosaroter Heringssalat auf dem Tisch ...

Stralsunder Fischsoljanka

- 400 g Fischfilet
- 250 g Zwiebeln
- 4 EL Öl
- 5 EL Tomatenmark
- 1 l Fischbrühe
- 175 g saure Gurken
- 1/2 Zitrone
- 1 EL Kapern
- 4 EL saure Sahne
- Petersilie & Dill
- Salz & Pfeffer

Fond aus Fischabfällen, Wurzelwerk, Kräutersträußchen, Zwiebel und Knoblauchzehe selbst kochen. Durch ein Sieb gießen und abkühlen lassen. Die fein gehackten Zwiebeln in heißem Öl goldgelb rösten und das Tomatenmark einrühren. Mit Fischbrühe ablöschen und zehn Minuten weiterkochen. Mit Salz und Pfeffer abschmecken. Die saure Gurke in feine Streifen schneiden, die Zitrone schälen und in Scheiben schneiden. Kräuter fein hacken. Das Fischfleisch in mundgerechte Stücke schneiden. Alle Zutaten in die Suppe geben und gar ziehen lassen, bis der Fisch ganz durch ist. Die Zitronenscheiben wieder herausnehmen. In Suppentassen füllen, mit Kapern bestreuen und mit einem Klecks saurer Sahne servieren.

Wruken-Eintopf

500 g Schweine- oder Hammelfleisch
2 Lorbeerblätter
5 Pimentkörner
2 Nelken & 2 Zwiebeln
2 Möhren & 750 g Wruke
500 g Kartoffeln
1 TL Majoran
1/2 TL gemahlener Kümmel
Salz & 1 EL Mehl
gehackte Petersilie

Fleisch in 1,5 Liter gesalzenem Wasser zum Kochen bringen und abschäumen. Zwiebeln schälen, Lorbeerblatt mit je einer Nelke daran feststecken und zusammen mit dem Piment und den geschälten Möhren in die Brühe geben. Etwa 90 Minuten köcheln lassen, dann durch ein Sieb gießen und die Brühe dabei auffangen. Wruken und Kartoffeln schälen, waschen und klein würfeln, in die Brühe geben und etwa 20 Minuten garen. Dann klein geschnittenes Fleisch und Möhren dazugeben, mit Majoran, Kümmel und Salz abschmecken und noch einmal 10 Minuten ziehen lassen. Mehl mit einigen EL kaltem Wasser verrühren und Suppe damit binden. Die Teller mit gehackter Petersilie bestreuen.

Ragoût fin (Würzfleisch)

300 g Kalbfleisch
300 g Innereien wie Zunge,
Kalbsmilch & Hirn
Salz & 1 l Wasser
2 EL Butter
3 EL Mehl
1 Zwiebel
Zitronensaft
100 g Reibekäse
1 EL Semmelmehl

Das gewaschene Fleisch nebst Innereien in gesalzenem Wasser aufsetzen, abschäumen und eine gute Stunde köcheln lassen. Fleisch herausnehmen, abkühlen lassen und in Würfel schneiden. Aus Butter, gehackter Zwiebel und Mehl eine helle Schwitze bereiten und mit Brühe auffüllen, bis eine dickflüssige Soße entstanden ist. Die Fleischwürfel hineingeben, mit Zitronensaft und Salz abschmecken. In ausgefettete, feuerfeste Förmchen füllen, mit Reibekäse und etwas Semmelmehl bestreuen und einem Butterflöckchen besetzen. In den Ofen schieben und bei starker Hitze knusprig überbacken. Mit Zitronen-Achteln, Toastbrot und Worcestersoße servieren.

Liptauer Käse

Den Quark durch ein Sieb streichen. Butter sahnig rühren, mit reichlich Paprika, Salz und Kümmel würzen. Die Zwiebel sehr fein hacken. Abwechselnd mit dem Quark und dem geriebenen Käse löffelweise unter die Butter rühren, bis eine glatte Masse entsteht. Liptauer Käse ist ein leckerer Brotaufstrich, passt aber auch gut zu Pellkartoffeln.

Karlsbader Schnitten

- 4 Scheiben Weißbrot
- 4 Scheiben Schinken
- 4 Scheiben Schnittkäse
- Tomaten- oder Paprikamark
- Butter
- Worcestersauce

Brotscheiben toasten, etwas abkühlen lassen, dann mit Butter und Tomaten- oder Paprikamark bestreichen. Mit einer Schinkenscheibe belegen, die Käsescheibe darüberdecken und mit kleinen Butterflöckchen besetzen. Im Backofen übergrillen, bis der Käse zu zerlaufen beginnt. Beim Servieren mit einem Spritzer Worcestersauce würzen.

Skatbrote

8 Scheiben Vollkornbrot
300 g Hackepeter
2 Zwiebeln
Salz, Pfeffer & Senf
4 Eier & 75 g Mehl
3 EL Milch
3 Knoblauchzehen
1/2 Bd. Petersilie
Öl zum Braten

Brote dick mit Senf bestreichen. Hackepeter mit wenig Salz und reichlich Pfeffer abschmecken und auf vier Brotscheiben verteilen. Eine gehackte Knoblauchzehe und die klein gewürfelten Zwiebeln darüberstreuen, je eine mit Senf bestrichene Stulle daraufklappen und fest zusammendrücken. Eier, Milch, zwei zerdrückte Knoblauchzehen und die gehackte Petersilie verquirlen. Die Brote in dem Eierteig einige Zeit einweichen, herausheben und in heißem Öl knusprig braten. Dazu Kraut- oder Sauerkrautsalat reichen.

Jägerschnitzel

- 4 fingerdicke Scheiben Jagdwurst
- 2 EL Mehl & 1 Ei
- 2 EL Milch
- 2 EL Semmelmehl
- Fett zum Braten

Für die Soße:

- eine kleine Dose Tomatenmark
- 2 EL Butter & 1 El Mehl
- 1/4 l Brühe
- 1 EL Kaffeesahne
- Salz, Zucker & Pfeffer
- Zitronensaft
- Vollkornnudeln

Jagdwurstscheiben nacheinander in Mehl, mit Milch verquirltem Ei und Semmelbröseln panieren. In der Pfanne Fett auslassen und Jägerschnitzel darin von beiden Seiten knusprig braten. Für die Soße das Tomatenmark mit der Brühe verrühren. Butter auslassen, Mehl darin anbräunen, mit der Tomatenbrühe ablöschen, Kaffeesahne unterziehen und mit den Gewürzen abschmecken. Dazu Vollkornnudeln auftragen.

Eier in Senf- oder Specksoße

8 Eier
2 EL Butter
3 EL Mehl
2 EL Senf
1/4 l Wasser
Weinessig
Zucker & Salz

Oder:
50 g Speckwürfel
1 Zwiebel
Salz & Pfeffer
Nelkenpulver
Weinessig
Zucker

Eier hart kochen, abpellen und warm halten. Aus Butter und Mehl eine helle Schwitze bereiten. Senf mit Wasser verquirlen und darübergießen. Mit Essig, Salz und Zucker süßsauer abschmecken.

Für die Specksoße statt der Butter die Speckwürfel auslassen und das Mehl sowie die klein gehackte Zwiebel etwas bräunen lassen. Mit Wasser auffüllen und mit den Gewürzen pikant abschmecken. Eier halbieren und in die Soße legen. Dazu Salzkartoffeln reichen.

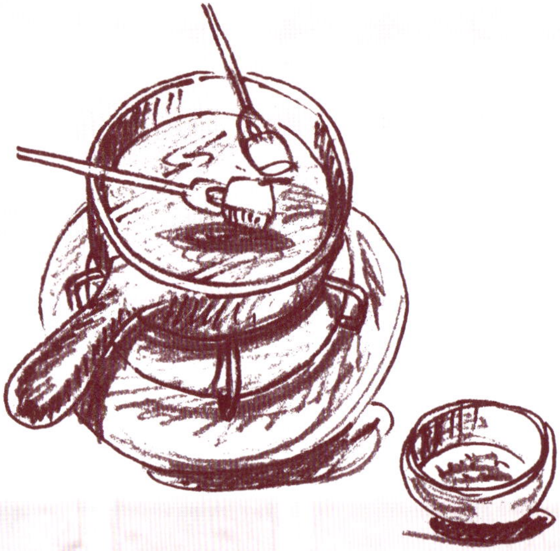

Fondue essen war in den Siebzigerjahren echt angesagt. Obwohl es recht schwer war, feines Rindfleisch oder saure Gürkchen dafür zu bekommen. Stundenlang wurde in der Küche geschnippelt und gerührt, es ging nichts ohne selbst gemachte Soßen und Buttern. Meine Mutter hatte dieses wunderschöne Gerät »party-flan«, das wohl die meisten Fondue-Fans zwischen Ostseeküste und Erzgebirge benutzten, denn es war das Einzige im Handel erhältliche. Der Kessel war mit allerhand lustig umhertanzenden Teufelchen bemalt, die mir als Kind sehr gefallen haben. Es muss eine Silvester-Party gewesen sein, zu der sich alle Nachbarn bei uns um das Fondue versammelten. Alle mussten Hüte aufsetzen, die meine Mutter in einer riesigen Papiertüte für diverse Kostümfeste hortete. Ich hatte so einen Kopfputz auf, der einst zu einem russischen Folklore-Kostüm gehört hatte. Links und rechts baumelten bunte Bänder herab. Natürlich geriet ich damit in die Spiritusflamme, als ich mich über das Fondue beugte, um vom anderen Tischende ein Stück eingelegten Kürbis zu angeln.

Oje, das war wirklich eine heiße Fete ...

Katrin Hoffmann, Altstadt

Fondue à la Ostseefischer

1 kg Fischfilet
1 Zwiebel
Salz & Pfeffer
je 1/2 Tasse Zitronensaft
und Weißwein
etwa 1 l Sonnenblumenöl
verschiedene pikante
Soßen und Beilagen

Den Fisch waschen, eventuell Gräten ziehen und in mundgerechte Stücke schneiden. Aus Zitronensaft, Weißwein, der fein gehackten Zwiebel, Salz und Pfeffer eine kräftig abgeschmeckte Marinade bereiten und die Fischstücke damit bedecken. Zugedeckt mindestens eine halbe Stunde marinieren lassen, dann herausnehmen und trocken tupfen. Den Fisch auf vier Portionsteller verteilen, gemeinsam mit verschiedenen frischen und sauer eingelegten Gemüsen. Das Öl auf dem Herd erhitzen und bei Tisch auf dem Rechaud weiter am Siedepunkt halten. Fischwürfel auf die Fonduegabel spießen und im Öl ganz durchbraten.

Teufelssoße

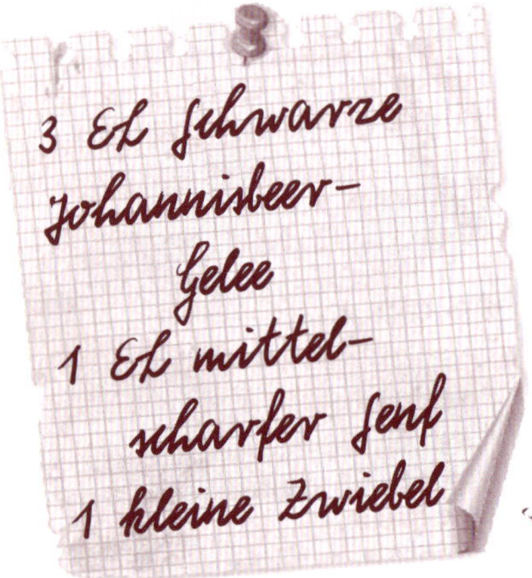

Zwiebel auf einer feinen Reibe reiben, so dass reichlich Saft fließt. Mit Gelee und Senf kräftig durchrühren.

Dillcreme

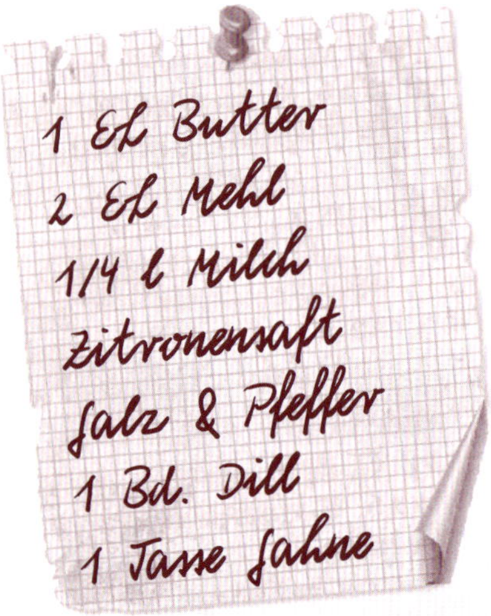

Sahne schlagen, Dill fein hacken. Aus Butter und Mehl eine helle Schwitze bereiten, mit Milch ablöschen. Die Soße soll eine dickliche Konsistenz haben. Mit Zitronensaft, Salz und Pfeffer würzen. Den Dill einrühren und zum Schluss die Sahne unterziehen. Anstelle von Dill können auch selbst gesammelte Wildkräuter verwendet werden, zum Beispiel Sauerampfer, Bärlauch, Brunnenkresse oder Löwenzahn.

Stachelbeersoße

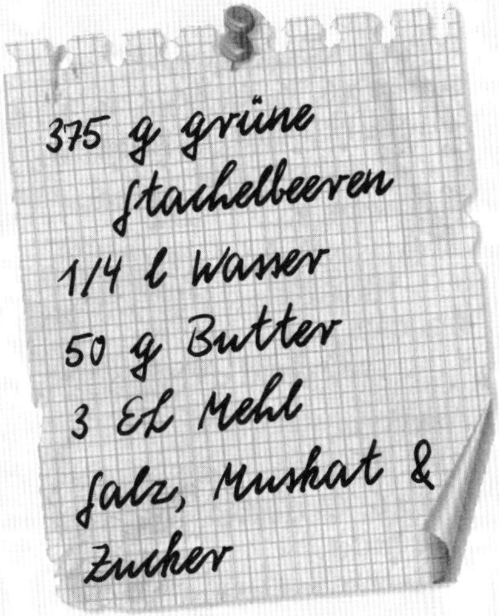

Die gewaschenen und geputzten Stachelbeeren in etwas Wasser gar dünsten und durch ein Sieb passieren. Die Hälfte der Butter auslassen, das Mehl darin anschwitzen und mit Wasser ablöschen. Den Fruchtbrei zufügen und mit den Gewürzen pikant abschmecken. Zuletzt die restliche Butter unterheben und zergehen lassen.

Bücklingsauflauf

Kartoffeln schälen und gar kochen. Speck würfeln und braten. Kartoffeln durch die Presse geben, mit den Speckwürfeln vermischen und mit Salz und Muskat abschmecken. Masse etwas abkühlen lassen. Eier trennen, Eiweiß steif schlagen. Zuerst die Eigelbe unter die Kartoffeln rühren, dann den Eischnee unterheben. Den Fisch von Haut und Gräten befreien und das Fleisch mit einer Gabel grob zerpflücken. In eine gefettete, feuerfeste Form abwechselnd die Kartoffelmasse und die Fischstücke schichten. Die oberste Schicht muss die Kartoffelmasse bilden. Semmelmehl mit Reibekäse vermischen und darüberstreuen. Einige Margarineflöckchen aufsetzen und im Backofen bei 180° C etwa 30 Minuten goldgelb überbacken. Mit gehackter Petersilie bestreuen und servieren.

Mein Vater kannte da diese kleine Fischfrau, die Frau Schmidt. Drahtig, flink und stets einen flotten Spruch auf den Lippen. Es war immer eitel Freude, wenn wir – meist kurz vor Feierabend – in den Laden kamen. Frau Schmidt wusste genau, wonach es meinem Vater gelüstete. Sie krempelte die Ärmel ihres Strickpullovers und des weißen Kittels darüber bis zu den Schultergelenken auf und verschwand auch fast so weit mit dem Arm im großen Heringsfass. Manchmal stellte ich mir vor, sie würde gleich kopfheister hinterherrutschen und mein Vater müsste sie dann an den strampelnden Beinchen herausziehen. Darüber musste ich als Kind schrecklich kichern. Natürlich fiel Frau Schmidt nie in das riesige Fass, sondern fischte einen silbernen Hering nach dem anderen aus der graubraunen Lake, befühlte ihn sorgsam und sagte dann: »Der hat nix.« »Aber doch, der hat bestimmt was«, hielt mein Vater dagegen, »der ist doch ganz dick.« »Nee, der hat nix. Woll'n wir mal nachgucken?« Sie nahm ein spitzes, scharfes Messer und schlitzte den Salzhering der Länge nach auf. Dann freuten sich beide: »Jaaaa, der hat Rogen!« Oder eben nicht. Es war wie Lotto spielen. Die meisten Treffer gingen natürlich auf das Konto von Frau Schmidt. Am Ende fuhren wir mit einem kleinen Paket aus Zeitungspapier nach Hause, das den Rogen von etwa 20 Salzheringen enthielt. Die ausgenommenen Fische warf Frau Schmidt mit einem Schulterzucken ins Fass zurück: »Die meisten schmeißen die Innereien sowieso weg …«

Heidrun Seidenstricker, Knieper Nord

Heringshäckerle

- 100 g Salzheringsrogen
- 1 Gewürzgurke
- 1/2 hart gekochtes Ei
- etwas Pfeffer
- 1 EL gehackte Petersilie

Alle Zutaten klein hacken und vermengen. Mit etwas Pfeffer abschmecken. Auf dick mit Butter bestrichenem frischen Roggenmischbrot servieren und mit einem Petersilienstängel garnieren.

Kubanischer Heringssalat

- 4 Salzheringe
- 2 Paprikaschoten
- 2 Tomaten & 2 Zwiebeln
- 120 g Mayonnaise
- 1 EL saure Sahne oder Joghurt
- 2 cm Anchovispaste aus der Tube

Salzhering über Nacht wässern und filetieren. Paprika, Zwiebeln und Tomaten putzen. Alle Zutaten in Streifen schneiden. Mayonnaise mit Joghurt oder saurer Sahne und der Anchovispaste verrühren. Über die übrigen Zutaten gießen und alles vorsichtig vermengen.

Überbackene Steaks waren eine Spezialität der DDR-Küche. Nun war das Französische hierzulande nicht allzu geläufig (»au four« = im Ofen). Deshalb fanden sich in einer Speisekarte des Stralsunder »Trocadero« – die Nachtbar am Katharinenberg war ein altes Varieté-Theater – von Herbst 1980 auch folgende Angebote:

Rumpsteak »au for« mit Pommes frites 7,75 M

Schweinesteak »au for« mit Pommes frites 6,80 M

Satte Preise für DDR-Verhältnisse, nicht wahr? Kein Wunder, denn Stralsunds Nobel-Nachtbar war als »Preisstufe SII« eingeordnet und durfte für die Weißwein-Flasche »Goldkäferl« aus Österreich immerhin 34,10 M kassieren. Keine Sorge, es musste ja nicht der teure West-Import sein. Den »Mamaia« aus Rumänien gab es schon für 13,15 M pro Flasche. Und wer seine Dame mit Sekt ködern wollte, konnte zwischen einer Flasche »Schlossberg Gold« (DDR) für 7,90 M und »Extra Rubin« (Ungarn) à 29,25 M wählen. Ganz oben auf der Preisskala thronte allerdings das »Türkenfeuer« – ein Rotwein aus dem gleichnamigen kapitalistischen Ausland für sage und schreibe 41,25 M pro Flasche. Es ging eben eher nach Herkunft als nach Geschmack.

Steak au four

4 Schweinenackensteaks
1 Dose Würzfleisch
150 g Reibekäse
Salz & Pfeffer
Öl
2 EL Butter

Die Steaks abwaschen, trocknen, salzen und pfeffern. In einer Pfanne mit etwas Öl von beiden Seiten braun anbraten, in Alufolie wickeln und etwas ruhen lassen. Inzwischen in einem Topf das Würzfleisch erwärmen. Den Grill des Backofens vorheizen und eine Auflaufform mit etwas Öl auspinseln. Die Steaks auswickeln und nebeneinander hineinlegen. Das Würzfleisch darauf verteilen und mit Reibekäse bestreuen. Zum Schluss kleine Butterflöckchen aufsetzen. Im Backofen übergrillen, bis der Käse zerläuft und leicht bräunt. Mit Pommes frites und Worcestersauce servieren.

Ein »Strindberg« stand nicht auf jeder Speisekarte, dafür war es vielleicht zu schwer zu machen. Aber ich habe schon immer geschwärmt für dieses Gericht und hielt überall Ausschau nach Gaststätten, die es anboten. Das beste Steak »Strindberg« wurde übrigens im Mitropa-Speiserestaurant auf dem Rostocker Bahnhof gemacht. Es war dort immer voll und man musste immer warten, bis man platziert wurde. Also brauchte man schon einen langen Aufenthalt zwischen zwei Anschlusszügen. Als Student bin ich regelmäßig über Rostock gefahren und hatte oft Aufenthalt. Meist unfreiwilligen, wegen gnadenloser Verspätung der Züge. Während meine Mitreisenden verdrieslich auf ihren Rucksäcken hockten und Reclam-Bücher lasen, kratzte ich mein letztes Geld zusammen und ging in der Mitropa ganz vornehm ein »Strindberg« essen. Bald würde ich ja zu Hause sein und konnte meine Mutter anpumpen, um meine Brieftasche wieder aufzufüllen ...

Christian Gadow, Knieper West

Steak „Strindberg"

Die Rumpsteaks leicht klopfen, salzen und pfeffern. Senf mit Meerrettich, Curry und Worcestersoße pikant abschmecken und das Fleisch auf beiden Seiten dick damit einstreichen. In rohen Zwiebelwürfeln wälzen, durch verquirltes Ei ziehen und in heißem Öl von beiden Seiten knusprig braten. Dazu Bratkartoffeln oder Pommes frites auf den Tisch bringen.

Schaschlik „Buchara“

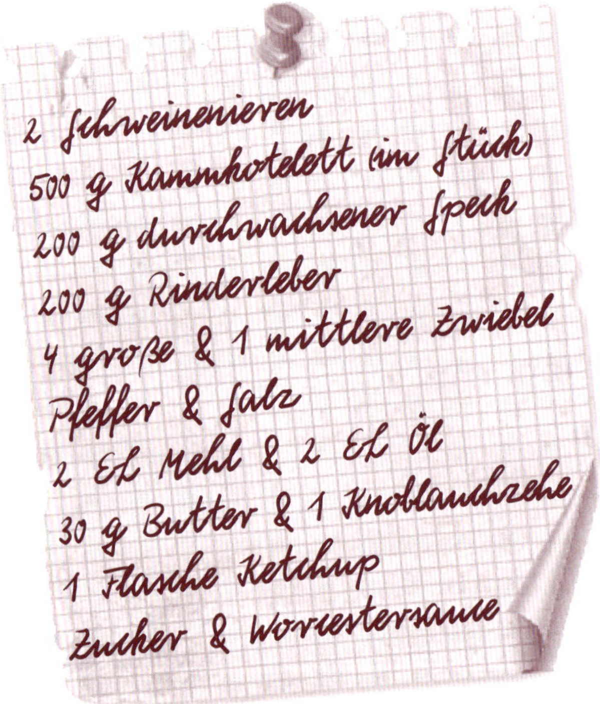

Nieren längs halbieren, Gefäßgänge herausschneiden, gründlich waschen und mindestens 30 Minuten wässern, dabei zweimal das Wasser wechseln. Schweinekamm entbeinen und in acht große Würfel schneiden. Rinderleber eventuell von Häuten befreien und wie den Speck in große Stücke teilen. 4 Zwiebeln schälen und vierteln. Alle Zutaten abwechselnd auf vier Schaschlik-Spieße stecken. Mit Salz und Pfeffer würzen und in Mehl wenden. In heißem Öl braten, zuletzt noch etwas Butter hinzugeben. In einer Kasserolle 1 EL Butter leicht bräunen, fein gehackte Zwiebel sowie zerdrückten Knoblauch darin andünsten. Den Ketchup dazugeben und alles einmal aufkochen lassen. Mit Zucker und Worcestersauce abschmecken. Spieße auf einem Reisring anrichten und die heiße Soße darüberfüllen.

Boeuf Stroganoff war ein Highlight der DDR-Gastronomie. Und das nicht nur, weil gutes Rindfleisch selten zu bekommen war. In Restaurants mit gehobenem Anspruch gab es spezielle Servierwagen, die zur Zubereitung des Gerichtes an den Tisch gerollt wurden. Schlängelten sich dann beim Flambieren die blauen Flämmchen empor, ging ein Raunen durch das ganze Lokal. Nicht jeder Kellner kochte gern vor unter den Augen der Gäste, deshalb warteten diese oft stundenlang, bis ihre Bestellung in die Tat umgesetzt wurde. Doch wenn sich kein Kollege bereitfand, die Sache in die Hand zu nehmen, hieß es schlicht: »Haben wir heute nicht!« Das Boeuf Stroganoff soll übrigens auf einen Kochwettbewerb im vorrevolutionären St. Petersburg zurückgehen und wird dem russischen Diplomaten Graf Alexander Stroganow (1774-1857) zugeschrieben. Er war jahrelang Gesandter in London und galt als Feinschmecker. Seine Kreation war bald ein fester Bestandteil der feinen Küche. Dass sich die Rezeptur eines zaristischen Adeligen auf den Speisekarten des ostdeutschen Arbeiter- und Bauernstaates halten konnte, ist schon merkwürdig. Gleiches gilt übrigens für Pál Antal Esterházy (1786-1866). Der Ungar, Schöpfer zahlreicher kulinarischer Klassiker, war Außenminister der k.u.k. Monarchie. Beide Herren hatten also eigentlich mit der »unverbrüchlichen Treue zu den sozialistischen Bruderländern« eher wenig zu tun ...

Boeuf Stroganoff

400 g Rinderfilet
1 EL Öl, Salz & Pfeffer
1 Zwiebel
1 EL Butter
75 g Champignons
1 Gewürzgurke
2 cl Weinbrand
100 ml Weißwein
1/8 l Sahne
1 TL Senf & Petersilie

Rinderfilet in Streifen schneiden, Zwiebel und Gurke fein würfeln, Champignons blättrig schneiden. Öl in einer Pfanne erhitzen, das Fleisch darin rundherum braun braten. Herausnehmen und mit Salz und Pfeffer würzen. Die Butter in der Pfanne auslassen, Zwiebeln, Pilze und Gurken kurz darin durchschwenken. Dann mit dem Weinbrand flambieren. Wein dazugeben und etwas einkochen lassen. Senf mit Sahne verrühren und unter die Soße ziehen. Das Fleisch wieder dazugeben, unterheben und mit frisch gehackter Petersilie bestreuen. Mit Kartoffelkroketten servieren.

Kotelette nach Esterházy

4 dicke Koteletts mit Fettrand
Salz, Pfeffer & 3 EL Schmalz
1 große Zwiebel
1 Tasse Brühe
1/2 EL Tomatenmark
2 Möhren & 1/4 Sellerieknolle
1 Gewürzgurke
1 TL Kapern
4 Sardellenfilets

Zwiebel abziehen und würfeln. Möhren und Sellerie putzen und in feine Streifen schneiden. Fleischscheiben klopfen, an den Rändern leicht einkerben und mit Salz und Pfeffer würzen. Zusammen mit den Zwiebelwürfeln im Fett anbraten und mit der Brühe bedecken. Das Tomatenmark hinzufügen und etwa 10 Minuten weich dünsten. Die Karotten- und Selleriestreifen sowie feine Gurkenscheiben dazugeben und fertig garen. Beim Anrichten mit dem Gemüse, den Kapern und den Sardellenstreifen belegen. Mit dem aufgelösten Bratensaft übergießen. Dazu Bratkartoffeln reichen.

Schwartenbraten „Nordlicht“

1 kg Schweinebauch
mit Schwarte
2 Zwiebeln
3 saure Äpfel (z.B. Boskop)
4 EL Rübensirup
150 g Sauerkirschen
Zucker, Salz & Pfeffer
Paprika
1 Msp. gemahlene Nelken

Die Schwarte mit einem scharfen Messer kreuzweise einschneiden. Braten kräftig mit Salz, Pfeffer und Paprikapulver einreiben, in einem Bräter rundherum anbraten. Herausnehmen und klein gewürfelte Äpfel und Zwiebeln anbräunen. Dabei mit einem TL Zucker und etwas gemahlener Nelke bestreuen. 1/4 l heißes Wasser zugießen und den Braten mit der Schwarte nach oben hineinsetzen. Bei 180 °C im Backofen etwa 2 Stunden langsam garen lassen. Sollte die Schwarte dabei zu braun werden, mit einem Stück Alufolie abdecken. Ist der Braten gar, den Ofen ausschalten, das Fleisch auf eine Platte legen und mit Rübensirup bepinseln. Dann noch etwa 15 Minuten im warmen Ofen ruhen lassen. Den Bratensatz durch ein Sieb streichen, mit etwas angerührter Speisestärke binden und zum Schluss entsteinte Sauerkirschen unterheben. Mit Salz und Pfeffer abschmecken. Dazu: Semmelknödel.

An Lungenhaschee habe ich mich mal echt überfressen. Da muss ich neun oder zehn gewesen sein. Ich war so ziemlich der Einzige in der Klasse, der das wirklich gerne aß in der Schulspeisung. Aber man musste ja immer alles aufessen. Da habe ich erst meinen Teller leer geputzt und dann nacheinander die Teller von den andern fünf Jungs am Tisch. In aller Stille haben wir reihum die Teller getauscht und in uns reingegrinst, wie wir die Horterzieherin ausgetrickst haben. Hinterher war mir tierisch schlecht. Und zu Hause musste ich dann spucken. Danach war für einige Jahre Ruhe mit Lungenhaschee.

Oliver Ritscher, Knieper Nord

Lungenhaschee

500 g Lunge
1 l Wasser & Salz
2 EL Margarine
3 EL Mehl
1 Zwiebel
Essig & Zucker

Die gewaschene Lunge in grobe Stücke teilen, zusammen mit Wasser und Salz aufsetzen. Nach dem ersten Aufwallen den Schaum abschöpfen, dann etwa 1 Stunde köcheln lassen. Aus Margarine, Mehl und gehackter Zwiebel eine Schwitze bereiten und mit Brühe zu einer sämigen Soße auffüllen. Gekochte Lunge klein hacken oder durch den Fleischwolf drehen. Süßsauer mit Essig und Zucker abschmecken. Dazu Salzkartoffeln reichen.

Broiler in Alufolie

- 1 Broiler (Brathähnchen)
- 1 Bd. Petersilie
- 3 EL Butter
- 1 Zwiebel
- 1 Zitrone
- Salz & Pfeffer
- Paprika, Senf & Zucker
- Öl zum Bestreichen

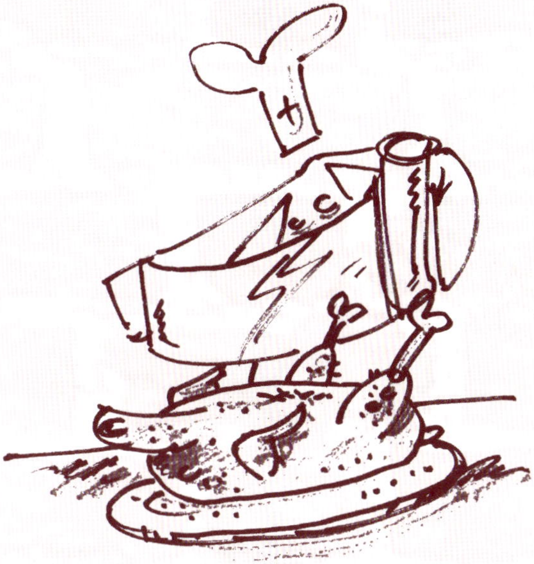

Eine Würzmischung aus Salz, Pfeffer und Paprika bereiten und den Broiler damit innen und außen einreiben. Die gewaschene Petersilie als Sträußchen in den Bauch legen. Die Butter schaumig rühren, mit 1 TL Senf, der geriebenen Zwiebel, Zitronensaft, Salz, Edelsüßpaprika und einer Prise Zucker vermengen. Damit den Broiler von außen bestreichen. Ein großes Stück Alufolie mit Öl einpinseln und das so vorbereitete Hähnchen hineinlegen. Die Folienkanten nach oben falzen, damit der Fleischsaft nicht auslaufen kann. Das Ganze in einen Bräter setzen und im Backofen bei 220 ° C etwa 1 Stunde garen. Den fertigen Broiler auf eine Platte heben, den Fleischsaft aus der Folie darübergießen und mit zartem Gemüse oder Salat und Weißbrot servieren.

Wenn jemand nach Berlin fuhr und sei es nur für einen einzigen Tag, dann bekam er immer eine Liste mit. Familie, Freunde, Nachbarn – alle schrieben auf, was er besorgen sollte. Das reichte von selbstklebenden Hakenleisten für's Bad bis zu Ungarischer Salami. Ganz oben auf diesen Listen standen immer Konserven: Gewürzgurken, Sauerkirschen, vielleicht sogar Pfirsichhälften. Letztere waren aber schon echter Luxus. Und Letscho natürlich. Für's Zigeunersteak. Und auf die Wurst. Und überhaupt. Wenn die Grillsaison losging, gehörte Letscho immer dazu. Gab´s aber eben immer nicht zu kaufen. Außer in Berlin natürlich. Als findige Ossis haben wir dann irgendwann angefangen, Rezepte auszutauschen und selbst Letscho einzukochen. Vorausgesetzt, man hatte einen Garten, in dem Tomaten wuchsen. Aber irgendwie kriegte man den Geschmack nie ganz hin und schrieb Letscho dann doch wieder auf die Berlin-Wunschliste.

Ulla Krüger, Knieper West

Letscho

1 kg grüner oder gelber Gemüsepaprika
1 kg Tomaten
1/8 l Wasser
Salz & Zucker
Paprikapulver

Die Paprikafrüchte entkernen, waschen und in Streifen schneiden. Wasser erhitzen und das Gemüse darin fast gar dünsten. Die gehäuteten, zerschnittenen Tomaten dazugeben und kurz mitdünsten. Mit Salz, Zucker und Paprika abschmecken. Sehr heiß in Schraubgläser füllen und auf den Kopf stellen. Konserven dunkel und kühl aufbewahren, dann sind sie etwa 6 Monate haltbar.

Letscho-Hacksteak

- 500 g gemischtes Gehacktes
- Salz, Pfeffer & Paprika
- 1 TL Senf & 2 Eier
- 1 eingeweichtes Brötchen
- Schnittlauch & Petersilie
- 2 Zwiebeln
- 1 Knoblauchzehe
- 1 TL Schmalz
- 1 Glas Letscho

Zwiebeln und Knoblauch fein würfeln, mit einem Ei, ausgedrücktem Brot, Gewürzen, Senf und gehackten Kräutern unter das Hackfleisch mengen. Daraus vier Steaks formen und durch geschlagenes Ei ziehen. In heißem Schmalz von beiden Seiten goldgelb braten. Das Letscho langsam in einem Topf erhitzen und über die fertigen Steaks geben. Mit gehackter Petersilie bestreuen und zu Kartoffelpüree reichen.

Kalbsnierenbraten war bei uns ein typisches Festtagsessen. Das gab es mal zu Weihnachten oder bei der Jugendweihe oder dem 60. Geburtstag. Dazu reichte man eine bunte Gemüseplatte und Kartoffeln oder Klöße. Natürlich musste man einen Fleischer kennen, wo man den Kalbsnierenbraten unterm Ladentisch bestellen konnte. Unsere Fleischer wickelten das zu einem Rollbraten, der sich gut zubereiten ließ und der auch beim Aufschneiden recht hübsch aussah. Einige Jahre nach der Wende habe ich versucht, ganz normal beim Fleischer einen Kalbsnierenbraten zu bestellen, weil wieder irgendeine Familienfeier anstand. Die junge Verkäuferin guckte mich bloß groß an. Von so was hatte die noch nie gehört. Da müsse sie erst in der Großfleischerei nachfragen. Doch auch da kenne man »so ein Ding« angeblich nicht, meinte sie eine Woche später mit leicht säuerlichem Gesicht. So ist also unser guter alter Festtagsbraten ein Opfer der Wende geworden …

Helga Schütte, Altstadt

Kalbsnierenbraten

- 1 kg Kalbsnierenbraten (beim guten Fleischer bestellen und dort wickeln lassen)
- Margarine zum Anbraten
- 1 kleine Dose Tomatenmark
- 1 Bd. Suppengrün
- 200 g Kalbsknochen
- 1/4 l Rinderbrühe
- 2 EL Speisestärke
- Salz & Pfeffer

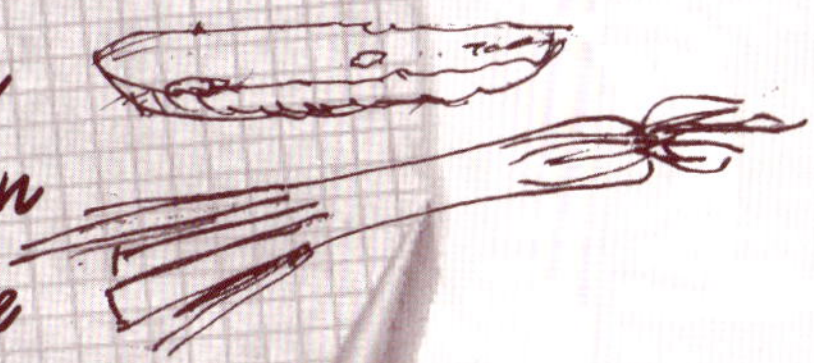

Braten mit Salz und Pfeffer kräftig einreiben. Suppengrün klein würfeln. Fett in einem Bräter auslassen und Fleisch darin von allen Seiten bräunen. Herausnehmen, Gemüse und klein gehackte Knochen mit einem EL Tomatenmark einige Minuten anschwitzen. Restliches Tomatenmark in der Brühe verquirlen. Mit etwas Brühe ablöschen, Braten hineinsetzen und in den Backofen schieben. Bei 180 ° C etwa 1,5 Stunden garen, dabei mindestens alle 20 Minuten mit etwas Brühe begießen. Nach und nach auch noch einige Margarineflocken auf dem Fleisch zergehen lassen. Ofen ausschalten, Braten auf eine Platte setzen und 15 Minuten darauf ruhen lassen. Bratensatz durchseihen, Speisestärke in wenig kaltem Wasser anrühren und Soße damit binden. Nach Geschmack mit einem Schuss Kaffeesahne verfeinern. Dazu schmecken Böhmische Knödel oder Petersilienkartoffeln.

Altefähver Buttermilchplinsen

300 g Mehl & 3 Eier
3/8 l Buttermilch
4 EL Mineralwasser
100 g Butter
100 g Zucker & 1 Prise Salz
500 g gemischte gezuckerte Beeren (Rote und Schwarze Johannisbeeren, Stachelbeeren, Himbeeren u.a.)

Aus Mehl, Eiern, Buttermilch, Mineralwasser und einer Prise Salz einen nicht zu dünnen Eierkuchenteig bereiten. Butter zerlassen und darin aus dem Teig kleine Plinsen von beiden Seiten knusprig braten. Dann im Backofen fertig garen. Mit Zucker bestreuen und mit frischen, eingezuckerten Beeren servieren.

Quarkkeulchen

500 g gekochte Kartoffeln
375 g Magerquark
150 g Mehl & 65 g Zucker
1 bis 2 Eier
eine Prise Salz
abgeriebene Schale einer
Zitrone
50 g Korinthen
Bratfett

Vollständig ausgekühlte Pellkartoffeln – am besten vom Vortag – schälen, reiben und mit den übrigen Zutaten zu einem Teig verarbeiten, der nicht zu feucht sein darf. Sonst noch etwas Mehl oder Grieß hinzugeben. Zuletzt die Korinthen untermischen. Eine dicke Rolle formen, etwa fingerdicke Scheiben davon abschneiden, in etwas Mehl wälzen und in heißem Fett goldbraun braten. Mit Zimtzucker oder einem Schälchen Birnenkompott servieren. Für die herzhafte Variante Zucker und Korinthen weglassen und stattdessen Salamiwürfel oder angebratene Speckwürfel untermischen.
Den Teig dann mit Paprika und Pfeffer würzen.

Schweden-Eisbecher

500 g Vanilleeis
1 Glas Apfelmus
1/2 Flasche Eierlikör
1/4 l Schlagsahne
Schokoraspeln

In hohe Gläser je zwei Kugeln Vanilleeis legen. So viel Apfelmus darüberfüllen, wie in den Eisbecher passt und mit einem kräftigen Schuss Eierlikör begießen. Obenauf eine Haube aus geschlagener Sahne aufsetzen, die mit ein paar Schokoraspeln dekoriert wird.

Zitronencreme

65 g Zucker
1/2 Zitrone
1 Ei
1/2 Päckchen Puddingpulver Vanille
etwa 1/4 l heißes Wasser
100 g Sahne

Den Zucker mit dem Zitronensaft und einem Eigelb kräftig aufschlagen. Ist die Masse schaumig, das Puddingpulver unterrühren. Das heiße Wasser zugießen und über kleiner Flamme unter ständigem Rühren aufkochen und abkühlen lassen. Das Eiweiß zu steifem Schnee schlagen. Unter die erkaltete Masse heben und in Sektschalen oder kleine Weingläser füllen. Gut kühlen. Zum Servieren die Sahne schlagen und jeweils einen Stipps auf die Zitronencreme setzen.

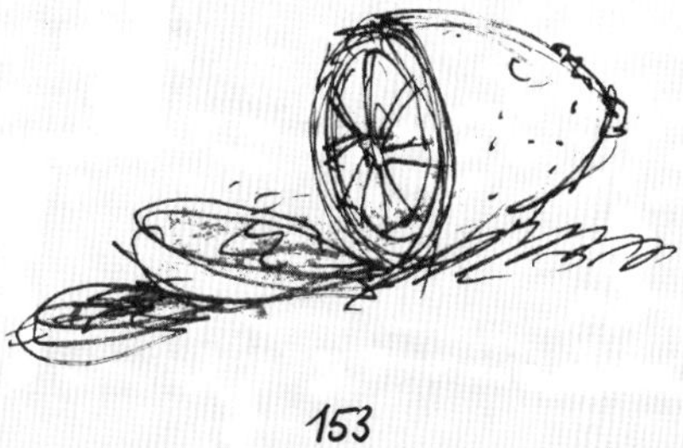

Kalter Hund durfte auf keinem Kindergeburtstag fehlen. Dabei war die Zubereitung eine Zumutung: Meine Schwester musste das Kokosfett hineinschütten, während meine Mutter aus Leibeskräften mit dem Holzlöffel rührte und dabei immerzu schrie: »Nicht so schnell! Nicht so viel!« Ich war eigentlich nur scharf auf das Auslecken der Schüssel. Aber ich musste die Kekse in die Form legen und all den Kram. Muttern schwitzte dabei Blut und Wasser, dass sie die braune Pampe richtig dazwischen verteilt bekam – ohne zu kleckern. Das Kleckern haben wir dann beim Geburtstag gründlich besorgt. Tischtuch, Ärmel, Sofa, einfach überall Kakaoflecken. Und schlecht war einem obendrein von dem süßen Zeug. Jedes Jahr schwor meine Mutter: Nie wieder Kalter Hund! Und jedes Jahr gab es doch wieder Kalten Hund, sonst wäre es kein ordentlicher Kindergeburtstag gewesen.

Gunter Klein, Knieper Nord

Kalter Hund

- 400 g Kokosfett
- 150 g Puderzucker
- 60 g Kakao
- 1 TL fein gemahlener Kaffee
- 2 EL Weinbrand
- 4 Eier
- 500 g Butterkekse

Kokosfett langsam erhitzen. Gesiebten Puderzucker mit Kakao, Kaffee, Weinbrand und Eiern verrühren. Schlückchenweise das sich abkühlende Fett zugießen und jede Portion kräftig verrühren. Eine Kastenform mit Butterbrotpapier auslegen. Eine Schicht Schokoladenmasse hineingeben, darauf eine Schicht Kekse legen. So abwechselnd fortfahren, bis der Teig aufgebraucht ist. Zuoberst müssen Kekse liegen. Form mit Silberfolie abdecken und im Kühlschrank einige Stunden fest werden lassen. Stürzen und Papier vorsichtig abziehen. Kuchen nach Belieben mit Mandeln oder Schokoladenplätzchen garnieren oder mit Kokosraspeln umhüllen.

Senfbirnen

2 kg feste Birnen
1/4 l Wasser
450 g Zucker
1/2 l zehnprozentiger Essig
1 Stück Zimtrinde
80 g Senfkörner
1 EL rote Pfefferkörner

Birnen schälen, halbieren und vom Kerngehäuse befreien. Wasser mit Essig, Zucker und Zimt aufkochen. Die Birnenstücke darin einige Minuten blanchieren, sie dürfen nicht zu weich werden. Auf einem Sieb abtropfen lassen und anschließend in einen Tontopf oder Einweckgläser schichten. Senf- und Pfefferkörner dazugeben. Den erkalteten Essigsud über die Früchte gießen und das Gefäß zubinden. Kühl und trocken aufbewahrt etwa 14 Tage haltbar. Man kann die Essigbirnen aber auch in Twist-off-Gläsern haltbar machen. Dann unterlässt man das Blanchieren, sondern füllt die Birnen roh ein und übergießt sie mit dem kochend heißen Sud. Schnell zuschrauben und die Gläser einige Zeit auf den Deckel stellen.

Sund-Grog

1/2 l Wasser
1/4 l Rum
3 EL Zucker
4 Eigelb

Eigelb und Zucker schaumig aufschlagen. Wasser auf etwa 75 ° C erwärmen, mit dem Rum mischen und vorsichtig mit der Eimasse verquirlen. Sehr heiß in Grog-Gläsern servieren.

Wallenstein-Punsch

1/2 l Weißwein
1/2 l heller Traubensaft
3/8 l Rum oder Weinbrand
250 g Zucker
2 Zitronen
6 Eier

Eier und Zitronensaft schaumig schlagen. Zucker, Weißwein, Saft und Alkohol dazugeben. Langsam bis fast zum Siedepunkt erhitzen, dabei ständig mit dem Schneebesen rühren. Sehr heiß in Wallenstein-Becher oder Grog-Gläser füllen.

Warmbier oder „Du bist scheintot“

1 Flasche Porter
oder Pilsener aus der
Stralsunder Brauerei
1 gehäufter EL Zucker
1 Ei

Bier langsam erwärmen, nicht kochen lassen. Ei mit Zucker schaumig schlagen. Langsam das warme Bier unterrühren. Warmbier gilt als lindernd bei Erkältungsbeschwerden und als schmackhafte Einschlafhilfe.

After Eight-Likör

0,35 l Pfefferminzlikör
200 g Puderzucker
5 Eigelb
200 ml Kaffeesahne
2 EL Kakao

Puderzucker und Eigelb schaumig schlagen, Kakao unterziehen und langsam die Sahne einrühren. Zuletzt den Likör hineingießen, alles gut vermischen und bis zum Servieren kalt stellen. In Schokoladenbechern servieren.

Hanseatische Küche heute: Zurück zu den Wurzeln

Frisches und Leckeres aus der Region: Stralsunder Wochenmarkt auf dem Neuen Markt.

Foto: K. Hoffmann

„Hier is up wen up is und nu is up/tau“

(handgemalter Pappschild am Eingang einer Stralsunder Gaststätte)

»Die Pizza – so knusprig, das kannst du dir gar nicht vorstellen. Und zu jeder Mahlzeit Nudeln satt! Die schmecken ganz anders als unsere hier aus der Tüte«, erzählte eine Bekannte 1994 begeistert nach ihrem dritten Italien-Urlaub. Doch dann verfinsterte sich ihre Miene und sie fuhr fort: »Jedenfalls kommen wir wieder nach Hause und ich frage in die Runde, was ich am Wochenende kochen soll. Fischstääääbchen!, kräht der Lütte. Schnitzel mit Pommes, meint der Große. Und mein Gatte verschränkt die Arme über dem Bierbauch und sagt: Eisbein mit Sauerkraut. Dabei grinst er mich breit an. Es ist nicht auszuhalten mit diesen Banausen ...«

Ja, was war die Welt plötzlich groß und bunt nach der Wende, kulinarisch und überhaupt. Auch die Stralsunder schwärmten aus, machten ihre Reisen und brachten Inspirationen in die heimische Küche mit. Schwarze Nudeln aus der Toskana, hauchdünne Chips aus London, tütenweise gelbes Gewürz aus der Türkei oder Rotwein aus Frankreich avancierten zu allseits beliebten Mitbringseln. Gleichzeitig fanden ausländische Gastronomen ihren Weg in die Stadt am Strelasund. Italienische, griechische oder chinesische Restaurants kamen und gingen. Einige blieben und bereichern heute das kulinarische Angebot der Hansestadt, die jährlich mehr als eine Million Tagesbesucher zählt. Das Örtliche Telefonbuch weist über 80 Adressen aus, wo sie ihren Hunger stillen können. Dabei sind die Imbisse und Fischkutter rund um die nördliche Hafeninsel noch gar nicht mitgerechnet. Um auf das vorige Kapitel zurückzukommen: In puncto Versorgungsleistung haben die Stralsunder den Plan ganz sicher übererfüllt.

Über die Qualität all dieser Angebote ließe sich nun trefflich streiten, doch es dürfte sich für jeden Geschmack etwas finden. Auch für die Fraktion, die unter dem Motto essen geht:

Es muss billig sein und satt machen. Kulinarische Spitzfindigkeiten, kaum gegart und mit der Lupe auf dem Teller zu suchen, sind nicht das Ding der genussorientierten Vorpommern. Trotzdem ist es engagierten Köchen in der Stadt gelungen, so etwas wie eine neue hanseatische Küche zu kreieren. Dabei greifen sie vor allem auf frische Produkte aus der Region zurück, kombinieren bodenständige Traditionen mit internationalen Einflüssen. Vom Öko-Ziegenkäse bis zum Bio-Rind, von Waldpilzen bis zu Wildkräutern ist in Vorpommern allerhand zu entdecken, was auch den verwöhnten Gaumen kitzelt.

»Zurück zu den Wurzeln« könnte man die Bewegung nennen, die ambitionierte Gastronomen derzeit in Bewegung setzen. Als Trend der zeitgemäßen hanseatischen Küche favorisieren sie eine Rückbesinnung auf bewährte Zutaten und Garmethoden. Deftige Schmorgerichte und sahnige Süppchen sind wieder im Kommen. Moderne Niedrigtemperaturtechnik zieht in die Küchen ein und begünstigt diese Entwicklung. Wer sich schon einmal eine bei 80 Grad vier Stunden lang sanft gebratene Lammkeule auf der Zunge zergehen lassen hat, gehört bald der wachsenden Fangemeinde an. Und noch eine Konstante ist erkennbar: Wie in den zurückliegenden Jahrhunderten bleibt der Fisch auf einer Spitzenposition im Speiseplan der Stralsunder. Doch er wird jetzt schon mal auf Risotto oder Nudeln angerichtet.

Nicht alles glauben

Noch einen Tipp an unsere Besucher aus nah und fern: Glauben Sie nicht alles, was Ihnen die Einheimischen beim Klönsnak zwischen Matjes und Flunder so auftischen. Hühnergötter sind keine Eierspeise mit göttlichem Geschmack, sondern das sind Steine mit einem Loch darin. Und dieses Loch wäscht das Meer aus. Es gibt nämlich keine ABMer, die extra Löcher in die Steine bohren, damit die Urlauber 'was zum Sammeln und um den Hals zu hängen haben.

Der Sanddorn wird auch nicht geerntet, indem man seine Zweige abschneidet, in Tiefkühltruhen packt und später die Beeren nur noch abzuschütteln braucht. Die leuchtend orangefarbenen Früchte werden im Herbst mit einer Art groben Bürste von den stacheligen Zweigen in Eimer gezogen. Die einheimischen Sanddornbestände dürften allerdings kaum reichen, um die ständig wachsende Produktpalette vom Bonbon bis zur Schönheitscreme abzudecken. Vielmehr sollte man wissen, dass China als der weltgrößte Sanddorn-Produzent gilt, denn dort wird die Pflanze auf mehreren Millionen Hektar kultiviert.

Dafür gibt es aber hier bei uns wirklich einen Fisch mit grünen Gräten, das ist kein Scherz. Lassen Sie den Hornfisch, der auf Ihrem Teller landet, bitte nicht in die Küche zurückgehen, Sie ernten damit nur den Spott des Servicepersonals. Der Fisch mit dem neonleuchtenden Skelett ist weder alt noch verdorben. Im Gegenteil: Im Mai kommen die Hornhechte (lateinisch: belone belone) zum Laichen in flache Gewässer – bevorzugt in den Greifswalder Bodden – und sind dann eine leichte Beute der Angler und Reusenfischer. Weil sie aber nur etwa drei Wochen hier durchziehen, gehen die sehr leckeren Speisefische dem kommerziellen Fischfang sozusagen durch die Maschen und sind deshalb im Binnenland wenig bekannt.

Also, nehmen Sie die Neckereien der ollen Stralsunner mit Humor und lassen Sie sich nicht ins Bockshorn jagen. Denn der gleichnamige Klee, mit dem man neuerdings beispielsweise leckeren vorpommerschen Käse veredelt, wächst hier nicht als Unkraut am Ackerrain der endlosen Rapsfelder, sondern kommt als Gewürz aus dem Nahen Osten ...

e voilá!

Suppe von Muskatkürbis und Herbstapfel mit Zimtcroutons*

350 g Muskatkürbis
350 g Äpfel (z.B. Boskop)
100 g Zwiebelwürfel
150 ml Geflügelbrühe
150 ml Apfelsaft
Butter & Weißweinessig
Schlagsahne & Salz
weißer Pfeffer, Zucker
Weißbrot & Zimt

Kürbis in Würfel schneiden. Äpfel vierteln, Kerngehäuse entfernen und dann in Spalten schneiden. Kürbis und Zwiebelwürfel in Butter anschwitzen. Äpfel zugeben und mit Apfelsaft ablöschen. Mit Geflügelbrühe auffüllen und weich kochen. Suppe pürieren und fein passieren. Mit Weißweinessig, Salz, Pfeffer, Zucker und Schlagsahne abschmecken. Weißbrot in gleichmäßige Würfel schneiden und in Butter goldbraun rösten. Die Croutons leicht salzen und mit Zimt bestäuben. Suppe mit Croutons und etwas Kürbiskernöl anrichten.

Guten Appetit! wünscht

Holger Krambeer, Chefkoch im Steigenberger Hotel »Baltic« am Frankendamm

Rübentopf mit Kasseler

- 3 Kartoffeln
- 3 Pastinaken & 3 Möhren
- 3 Petersilienwurzeln
- 1 kl. Steckrübe (ca. 750 g)
- 1 Zwiebel & 600 g Kasseler
- 5 EL Öl & 2 Lorbeerblätter
- 3 TL Brühpulver
- 1 Knoblauchzehe
- 1 kl. Chilischote
- 1 Bd. Petersilie
- Salz & Pfeffer

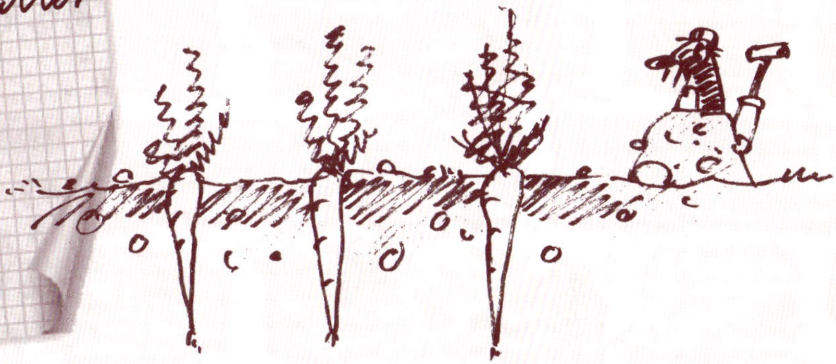

Alle Wurzeln schälen, waschen und in mundgerechte Stücke schneiden. Fleisch eventuell entbeinen und klein würfeln. Zwiebeln abziehen und fein hacken. 1 EL Öl in einem großen Topf erhitzen und Zwiebeln darin anschwitzen. Dann das Gemüse dazugeben und ebenfalls kurz andünsten. Brühpulver in 1 l kochendem Wasser auflösen und damit ablöschen. Fleischwürfel und Gewürze zugeben, weiteres Wasser aufgießen, bis alles reichlich bedeckt ist. Kurz aufkochen und 25 bis 30 Minuten bei milder Hitze garen. Knoblauch schälen, Chilischote aufschneiden und entkernen, Petersilie waschen. Alles drei klein hacken und mit dem restlichen Öl vermischen. Mit Salz und Pfeffer abschmecken. Ist die Suppe gar, mit dem Schneidstab leicht pürieren. Auf Teller füllen und mit je einem EL Chilipaste servieren.

Ich hatte mir ein besonderes Oster-Geschenk ausgedacht: ein Wurst-Seminar bei »Vorsicht Geschmack!« in Bassendorf. Den Firmenchef Alexander Becker kannten wir vom Stralsunder Wochenmarkt, wo wir besonders gerne seine frischen Kräuter und Wurstkonserven kaufen. Es begann schon damit, dass wir eine Stunde zu spät kamen, denn wir hatten die Uhrenumstellung auf Sommerzeit völlig verpennt. Doch da lag tatsächlich ein nacktes halbes Schwein auf dem Tisch, sechs Leute drumherum. Jeder durfte mal ein Stück abschnippeln, alles landete in verschiedenen Kesseln und Schüsseln. Die Luft wurde wärmer, die Ärmel aufgekrempelt, gewogen, geschnippelt, »gewolft« ohne Pause. Das Fett rann inzwischen aus allen Poren, der Boden wurde immer glatter. Obendrein drehte der NDR in der engen Küche mit drei Leuten auch noch eine Reportage über unser Wurst-Seminar. Irgendwann am frühen Nachmittag verabschiedete sich mein Mann zu einem ausgedehnten Spaziergang an der Trebel, er konnte den Fleischgeruch nicht mehr ertragen. Mir tat das Kreuz weh, einige andere Kursteilnehmer waren auch etwas blass um die Nase. Am Ende dieses Tages kochten jedoch 40 Kilo Hausschlachtewurst in sieben Sorten ihrer Konservierung entgegen. Wir waren fix und fertig und mochten erst nach etlichen Tagen unsere »Beute« probieren ...

Katrin Hoffmann, Altstadt

Kartoffel-Leberwurst-Suppe*

1 kg mehligkochende Kartoffeln
2 Zwiebeln
1 Knoblauchzehe
200 g Leberwurst
100 g Speck & 1 l Brühe
200 ml Sahne
Majoran, Salz & Pfeffer
ein Schuss Apfelwein
1 Bd. Schnittlauch

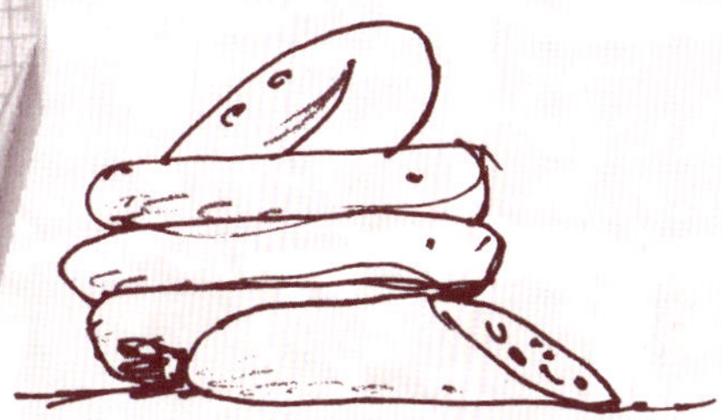

Speck und Leberwurst in Würfeln anbraten. Zwiebel und Knoblauch klein hacken und dazugeben, alles leicht anschwitzen. Kartoffeln schälen und in mundgerechte Stücke schneiden. Hinzufügen und alles mit Apfelwein ablöschen. Zum Schluss die Brühe auffüllen. Mit Salz, Pfeffer und Majoran würzen. Die Suppe 30 bis 40 Minuten auf kleiner Flamme köcheln lassen, pürieren und mit der Sahne glatt rühren. Nochmals abschmecken und mit gehacktem Schnittlauch garnieren.

**Guten Appetit! wünscht*
Alexander Becker von »Vorsicht Geschmack!« in Bassendorf

Stralsunder Fischtopf

500 g Fischfilet
100 g Margarine
1 Salatgurke & 4 Zwiebeln
1 EL Tomatenmark
6 gekochte Kartoffeln
2 Bd. Dill & 1 EL Senf
1/4 l Brühe
1/4 l Kaffeesahne
Salz, Pfeffer & Knoblauch
scharfer Gewürzpaprika

Margarine auslassen, grob gehackte Zwiebeln und die entkernte, klein geschnittene Gurke darin andünsten. Mit Salz, Pfeffer und Knoblauch würzen. Kartoffelscheiben und Tomatenmark zugeben. Fischfilet in mundgerechte Stücke schneiden, leicht salzen, mit Paprika bestäuben und in den Topf geben. Brühe auffüllen, zugedeckt fast bis zum Siedepunkt erhitzen, dann 10 Minuten köcheln lassen. Kaffeesahne mit gehacktem Dill und Salz verquirlen, zum Schluss unterziehen. Dazu reicht man Schwarzbrot-Ecken, die mit einer Knoblauchzehe eingerieben und in etwas Öl knusprig gebraten sind.

Fischsuppe „Ventspils“

1 kleiner Hecht
1 kleiner Dorsch
1 l Gemüsebrühe
10 Pfefferkörner & 5 Pimentkörner
4 Nelken & 2 Lorbeerblätter
2 Bd. Suppengrün & 1 Zwiebel
30 g Butter
1/4 l Weißwein & 2 EL Pernod
1 Bd. Dill & 1 Bd. Petersilie
Salz, Pfeffer & Zitronensaft
1 kleine Chilischote

Die Fische gut waschen, säubern und filetieren. Dabei Köpfe, Gräten und Haut entfernen, nur die Kiemen wegwerfen. Filets beiseitelegen, die Fischreste in der Gemüsebrühe aufsetzen. Pfefferkörner, Piment, Nelken, Lorbeer, Zwiebeln und ein Bund Suppengemüse hinzugeben und alles 30 Minuten leise köcheln lassen. Anschließend durch ein Sieb gießen. Das zweite Bund Suppengemüse in feine Streifen schneiden und in der Butter anschwitzen. Dann mit der Brühe und dem Wein auffüllen. Die Fischfilets in kleine Würfel schneiden und in die Suppe geben. Mit Salz, Pfeffer und Zitronensaft abschmecken. Den Fisch 10 Minuten ziehen lassen. Dill und Petersilie fein hacken und mit dem Pernod zusammen am Schluss unterziehen. Eine fein gehackte Chilischote bringt das nötige Feuer in die Suppe. Gerade im Winter schön warm!

** Guten Appetit! wünscht*

Torsten Lorenz, Chefkoch im »Ventspils« an der Sundpromenade

Salat von Wildkräutern, gebackener Parmesanblüte, Sanddorn-Rapsöl-Vinaigrette und marinierten Steinchampignons*

160 g Wildkräutermischung
(z.B. Wilder Kerbel, Löwenzahn, Kopfsalat, Schafgarbe, Minze, Sauerklee oder Orangenthymian)
100 g Parmesan & 1,5 TL Mehl
25 ml Weißweinessig
40 g Sanddornmark
60 ml Rapsöl & 60 ml Olivenöl
80 ml kalte Brühe
80 g Steinchampignons
Salz & Pfeffer aus der Mühle

Für den Wildkräutersalat kann man je nach Saison verschiedene Salate und Wildkräuter verwenden. Einfach beim Gemüsehändler fragen, was er im Tagesangebot zur Verfügung hat. Salatblätter und Kräuter putzen und vorbereitet beiseite stellen. Für die Körbchen den Parmesan mit dem Mehl vermengen. Portionsweise in eine beschichtete Pfanne von etwa 12 Zentimetern Durchmesser geben und zu großen Plätzchen breit drücken. Bei mittlerer Hitze den Parmesan schmelzen lassen, wenden und die andere Seite schmelzen lassen. Über ein rundes Förmchen geben und in Körbchenform drücken, dafür ein sauberes Handtuch oder Küchenkrepp benutzen. Abkühlen lassen. Für die Vinaigrette die Brühe mit Rapsöl, Olivenöl, Sanddornmark und dem Weißweinessig vermischen und mit dem Pürierstab aufschlagen. Mit Salz, Pfeffer und etwas Zucker abschmecken. Einen Teil der Vinaigrette zur Seite stellen. Die Pilze in etwas Rapsöl anbraten und in der abgenommenen Vinaigrette etwa 2 Stunden marinieren. Jetzt den Salat mit der Vinaigrette vermischen. Das Parmesankörbchen auf einem Teller platzieren und den Salat einfüllen. Die Pilze darüber verteilen.

**Guten Appetit! wünscht*

Markus Wölflik, Küchendirektor des Radisson Blu Stralsund am HanseDom

Rührei mit Schweizer Käse

- 8 Eier
- 1 EL geriebener Käse
- 4 EL saure Sahne
- Salz & Pfeffer
- Muskat
- 1 EL Butter

Butter in einer Pfanne zerlassen. Eier kurz aufschlagen und mit Salz, Pfeffer und etwas Muskat würzen. In die Pfanne gleiten und auf kleiner Flamme langsam stocken lassen. Saure Sahne und Reibekäse verrühren und nach und nach unter die Eier mischen.

Kartoffelrösti mit Räucherlachs*

4 mittelgroße Kartoffeln
1 Bd. Lauchzwiebeln
3 Eigelb
Pfeffer & Salz
Räucherlachs
Sahnemeerrettich

Kartoffeln schälen und mit der groben Reibe raspeln. Die Lauchzwiebeln putzen, in feine Ringe schneiden. Kartoffeln, Lauchzwiebeln, Eigelb, Pfeffer und Salz vermengen und esslöffelweise in eine heiße Pfanne geben. Platt drücken und von beiden Seiten goldbraun backen. Die Rösti mit Räucherlachs, einem Klecks Sahnemeerrettich und einem kleinen Salat, zum Beispiel Rucola, anrichten.

**Guten Appetit! wünscht*
Detlef Rothert, Inhaber des »Cool Stuff« in der Langenstraße

Spaghetti kurz und schmerzlos*

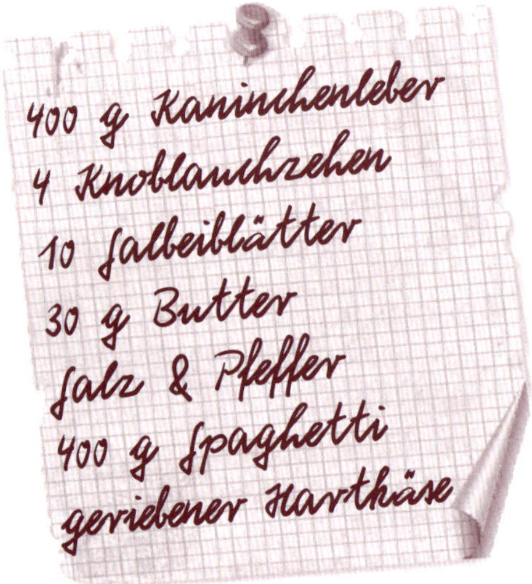

Spaghetti in Salzwasser garen. Die Kaninchenleber in Streifen schneiden und in Butter kurz anbraten. Knoblauch abziehen und in Streifen schneiden, dazugeben und mitrösten. Die Salbeiblätter ebenfalls streifig schneiden und mit in die Pfanne geben. Mit Salz und Pfeffer würzen. Dann die fertig gekochten heißen Spaghetti mit etwas Nudelwasser dazugeben und schwenken. Alles zusammen anrichten und mit Hartkäse bestreuen.

Guten Appetit! wünscht
Alexander Becker von »Vorsicht Geschmack!« in Bassendorf

Als junger selbständiger Gastronom auf Hiddensee war ich natürlich darauf bedacht, frische und kostengünstige Ausgangsprodukte zu beschaffen. Das traf auch auf Aal zu, den es vor der Wende für DDR-Mark eigentlich überhaupt nicht gab – und nach der Wende hatte er plötzlich einen stattlichen Preis. Der Bruder meines Partners kannte da jemanden, bei dem sollte der Aal für die Hälfte zu haben sein. Ich bestellte sofort 50 Kilo zur Abholung am kommenden Tag.

Am nächsten Morgen machte ich mich auf den Weg. Es klappte alles wie geplant: Zwei Plastesäcke zum Mitnehmen mit jeweils 25 Kilo Aal warteten auf mich. Ich zahlte, verstaute die wertvolle Fracht im Auto und machte mich zunächst auf den Weg in Richtung Stralsund. Nach ein paar Kilometern verspürte ich doch den Drang, einmal nachzusehen, was ich da eigentlich transportierte. Gedacht, getan – ich erstarrte förmlich vor Schreck! Aale waren das schon, aber eben so richtig komplette Aale, weder ausgenommen noch abgezogen und sehr frisch. Einer hatte sogar schon den Sack verlassen und erkundete den Kofferraum …

Ich bin zwar gelernter Koch und hatte schon sehr viel mit Aal zu tun, aber eben immer mit küchenfertig vorbereitetem oder geräuchertem. Wer schon einmal mit Aal zu tun hatte, weiß, dass mir eine unschöne, anstrengende und ekelige Arbeit bevorstand. Ich setzte mich wieder hinters Steuer und fuhr wie in Trance Richtung Stralsund. Immer ging es mir durch den Kopf: Rügendamm, kurz anhalten, Kofferraum auf, Aal in den Sund. Das schien mir am komfortabelsten für alle Beteiligten, ein paar Aale würden überleben, die Stralsunder hätten beim Angeln einen lukrativen Beifang und größere Raubfische ordentliches Zusatzfutter. Und ich wäre den Wahnsinn los. Die Vernunft siegte dann doch, ich hatte ja nicht wenig bezahlt. Ich rief kurz auf der Insel an, um von meiner misslichen Lage zu berichten. Man beruhigte mich, ich brachte den Aal nach Hause, meine Frau und mein Partner nahmen sich seiner an. Und ich verarbeitete einen Teil zu ordentlichem Schmoraal, einem Muss in der modernen Küche des Nordens.

Detlef Rothert, ehemaliger Inhaber des »Zum kleinen Inselblick« in Kloster/Hiddensee, heute Geschäftsmann in der Stralsunder Altstadt

Schmoraal*

- 1,5 kg Aal grün (küchenfertig ausgenommen & abgezogen)
- Mehl
- 2 mittelgroße Zwiebeln
- 3 Tomaten
- 1 TL Tomatenmark
- Sahne & Gemüsebrühe
- Pfeffer & Salz

Aal in Stücke schneiden – je dicker, desto schmaler, mindestens jedoch 2 cm breit. Die Stücke in etwas Mehl wenden, in einen flachen Schmortopf legen und etwas anbraten. Zwiebel in Scheiben schneiden, Tomaten abziehen, entkernen und vierteln (oder aus der Dose nehmen) und beides relativ zügig dazugeben. Ein wenig Tomatenmark, Salz und Pfeffer einrühren. Sobald der Aal Farbe angenommen hat, mit Sahne und etwas Brühe angießen und so lange köcheln, bis eine sämige Soße entstanden ist. Nicht zu lange auf dem Herd lassen, da sonst der Fisch von der Gräte fällt.

Chartreuse vom Fischmarkt auf Safransauce mit Wirsingbällchen*

Für die Chartreuse:

4 Fischfilets à 50 g (Wels, Lachs, Zander & Steinbeißer)

4 kleine Jakobsmuscheln

4 Garnelen

Für die Wirsingbällchen:

200 g gekochter Reis

2 Schalotten

20 g Butter

8 Stängel Schnittlauch

250 g Zuckerschoten

50 ml Gemüsebrühe

Zucker & Salz

10 g Butter

Für die Sauce:

500 ml Fischfond

10 ml Wermut (Noilly Prat)

1 Msp. Safran

30 ml Weißwein

40 ml Sahne

10 g Butter

Salz & Zitronensaft

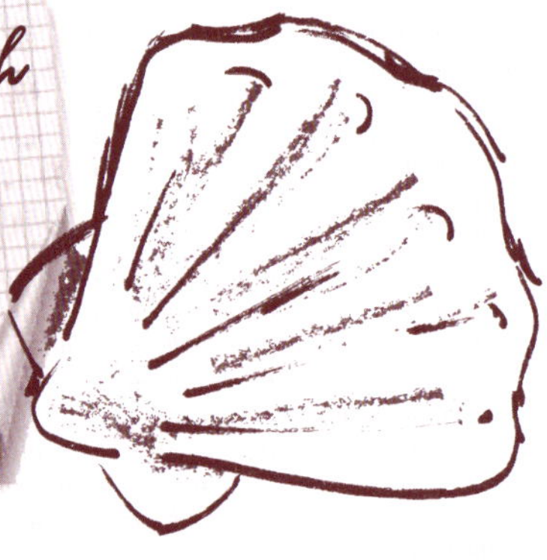

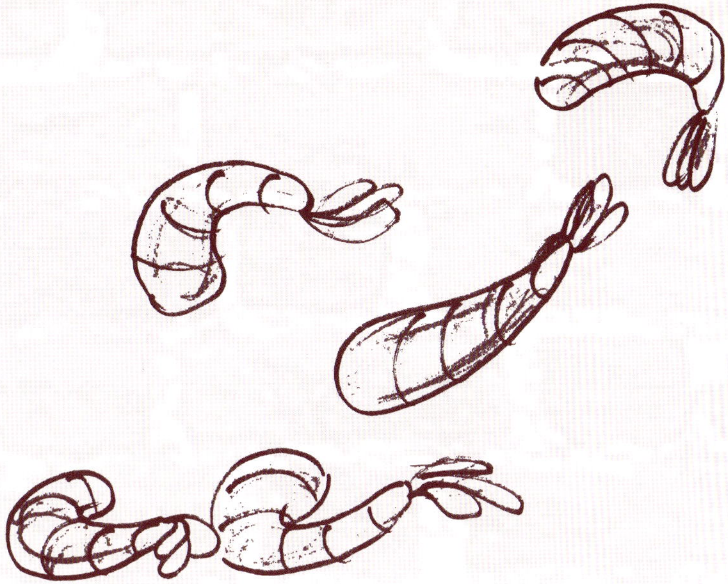

In einer Ausstechform von etwa 10 Zentimetern Durchmesser die Fischfilets einsetzen. In die Mitte die Jakobsmuschel auf die geputzte Garnele setzen. Die Chartreuse mit Salz und Zitrone würzen. Einen Fond aus Weißwein, Noilly Prat, gehacktem Knoblauch und Gemüsebrühe bereiten und darin etwa 8 Minuten dämpfen. Den Reis bissfest kochen, Schalotte putzen und fein würfeln. In einer Pfanne Butter anschwitzen, beides hineingeben und zirka 2 Minuten köcheln lassen. Den Strunk der abgekochten Wirsingblätter entfernen und sie mit je einem EL Reis füllen. Den Wirsing mit Schnittlauchstängeln zu kleinen Säckchen binden und 3 Minuten mit dem Fisch dämpfen. Geputzte Zuckerschoten in Gemüsefond, Butter und Salz glasieren. Für die Sauce den Fischfond, Noilly Prat und Weißwein etwas einkochen lassen, den Safran zugeben und abschmecken. Mit Sahne und Butter aufschlagen, so dass die Sauce eine Schaumkrone bildet.

**Guten Appetit! wünscht*

Axel-Alexander Müller, Inhaber der »Tafelfreuden im Sommerhaus« am Jungfernstieg

Bertram Wulflam gehörte während der Hansezeit zu den einflussreichsten Politikern von Stralsund. Zwischen 1364 und 1391 wirkte er hier als Bürgermeister. Sein Wohnhaus am Alten Markt repräsentierte Reichtum und hanseatisches Selbstbewusstsein. Noch heute gehört es zu den schönsten spätgotischen Bürgerhäusern in der Altstadt. Es ist historisch belegt, dass dort schon zu Wulflams Lebzeiten rauschende Feste veranstaltet wurden, die manchmal tagelang dauerten. Nach verschiedenen anderen Nutzungen als Laden zog dort Ende des 19. Jahrhunderts eine Gastwirtschaft ein: Die »Wulflamstuben« sind mittlerweile wohl das älteste durchgängig betriebene Restaurant von Stralsund.

Wulflams Zanderschnitte auf Birnen-Möhren-Gemüse und Reis*

400 g Möhren
3 Birnen & 1 Chilischote
800 g Zander
300 g Langkornreis
4 EL Olivenöl & Butter
Salz & Pfeffer
frischer Ingwer
Garam Marsala

Die Möhren putzen, waschen und schräg in Scheiben oder in Stifte schneiden. In etwas Wasser bissfest dünsten, herausnehmen und kalt abschrecken. Birnen waschen, schälen, halbieren, das Kerngehäuse entfernen und in Spalten schneiden. Etwas Olivenöl in einem Topf erhitzen, die Möhren darin anschwitzen und ein wenig später die Birnenspalten hinzufügen. Mit Salz, Pfeffer, entkernter und klein gewürfelter Chilischote, frisch geriebenem Ingwer und etwas Garam Marsala würzen. Den Reis in gesalzenem Wasser garen. Den Zander filetieren. Restliches Öl in einer Pfanne erhitzen, herunterschalten und die Fischfilets portionsweise bei niedriger Temperatur fertig braten. Das Gemüse nebst Fond auf vorgewärmten Tellern anrichten, das Zanderfilet darauflegen und mit Reis vervollständigen.

**Guten Appetit! wünscht*
Lutz Wendefeuer, Gastwirt der »Wulflamstuben« am Alten Markt

Dem Hering gehört noch immer die ganze Aufmerksamkeit der Stralsunder. Kaum steigt im Frühling die Sonne höher, stehen die Angler Schulter an Schulter auf dem alten Rügendamm und gehen nicht eher heim, bis der Eimer voll ist. Im April und Mai ziehen die Heringe nämlich durch den Sund – dickgemästet auf den Winterweiden auf dem Weg in die Brutgebiete. Die Gastronomen der Region machen sich das zunutze und laden sowohl auf Rügen als auch auf Usedom zu Heringswochen ein. Dabei beweisen die Köche Kreativität und der Hering seine Qualität als Verwandlungskünstler. Das Rezept für den »Heringskönig« stammt beispielsweise aus dem Hotel »Hitthim« in Kloster auf Hiddensee:

Heringskönig

- 4 große Heringe
- 150 g Schweinegehacktes
- 60 g Butterschmalz
- Salz & Pfeffer
- 1 Zitrone

Heringe waschen, Rückenflosse entfernen und vom Rücken her aufschneiden. Vorsichtig die Mittelgräte und die Innereien entfernen. Gut ausspülen, salzen und pfeffern. Das Gehackte ebenfalls mit Salz und Pfeffer abschmecken und in die Fische füllen. Heringe in Butterschmalz langsam goldgelb braten. Auf dem Bauch stehend mit grünem Salat, Zitronenkeilen und Petersilie servieren. Dazu Bauernbrot und einen Klaren reichen.

Dorschfilet mit viererlei Gemüse und Thymiankartoffeln, Tomatenbutter und Petersilienpesto*

800 g Dorschfilet
1 Zucchini
3 bunte Paprika
3 rote Zwiebeln
16 Kirschtomaten (rot & gelb)
12 Kartoffeln
Salz & Pfeffer
Thymian & Olivenöl
Knoblauch
Butter zum Braten

Tomatenbutter:
250 g Butter
250 g Tomatenmark
250 g Zucker

Petersilienpesto:
glatte Petersilie
Olivenöl
Pinienkerne & Knoblauch
Parmesan & Meersalz

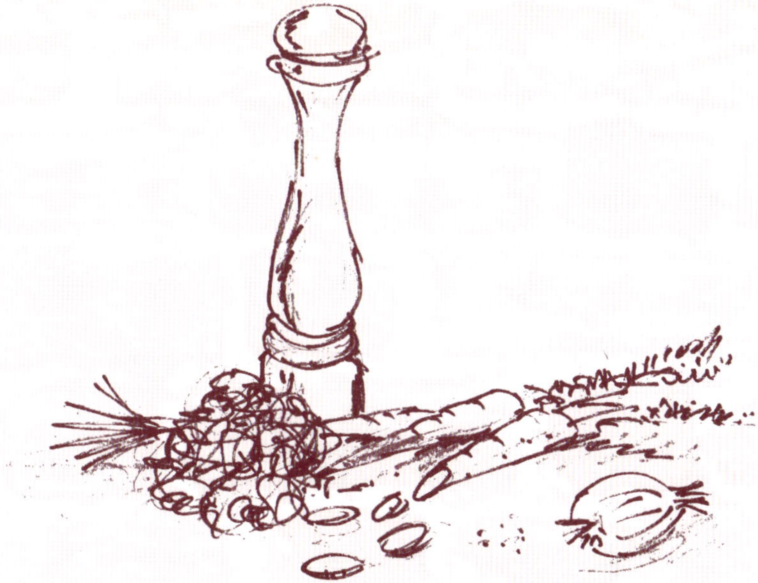

Kartoffeln schälen, waschen, garen und in Spalten teilen. Paprika, Zucchini und rote Zwiebeln putzen, alles in Streifen schneiden. Dorschfilet mit Salz und Pfeffer würzen, Butter und etwas Olivenöl erhitzen und Fisch darin braten. Kartoffeln in Olivenöl goldbraun braten und frischen Thymian zugeben. Das Gemüse zu den Kartoffeln geben und durchschwenken, mit Salz, Pfeffer und Knoblauch abschmecken. Nun die halbierten Kirschtomaten zugeben und erwärmen.

Für die Tomatenbutter die Butter schmelzen und den Zucker darin auflösen. Tomatenmark zugeben, aber nicht zu stark erwärmen. Alle Zutaten für das Pesto im Mörser verarbeiten. Nach und nach Olivenöl zugeben, bis die gewünschte Konsistenz erreicht ist. Die Tomatenbutter kreisförmig auf einen Teller geben und in der Mitte das Gemüse anrichten. Das Fischfilet auf dem Gemüse mit den Thymiankartoffeln drapieren. Petersilienpesto über Fisch und Gemüse verteilen.

Guten Appetit! wünscht

Holger Krambeer, Chefkoch im Steigenberger Hotel »Baltic« am Frankendamm

Gebratener Dorsch mit Blattspinat und karamellisierten Kartoffeln*

- 4 Dorschfilets
- Mehl, Butter & Öl
- 800 g kleine frische Kartoffeln
- 1 kg junger Blattspinat
- Sahne, Pfeffer & Salz
- Muskatnuss
- Zitrone
- 3 EL Zucker

Die Dorschfilets säubern, säuern und salzen und in Mehl wenden. Etwas Butter und Öl in einer Pfanne auslassen und den Fisch darin braten. Nur einmal wenden, weil Dorsch leicht zerfällt. Pellkartoffeln kochen. Den frischen Spinat waschen, abtrocknen oder schleudern, von den größeren Blättern die dicken Stiele entfernen. In einer großen Pfanne Butter auslassen, den Spinat darin schwenken, pfeffern, salzen und mit etwas geriebener Muskatnuss überstäuben. Wenn der Spinat zusammengefallen ist, etwas Sahne angießen und noch kurz köcheln lassen. Die Kartoffeln pellen, halbieren, mit Pfeffer und Salz würzen und in einer Pfanne braten. In einer weiteren Pfanne den Zucker verflüssigen, aber keinesfalls braun werden lassen. Dann die Kartoffeln dazugeben und kurz durchschwenken. Nicht in der Pfanne lassen, sondern in einer Schüssel aufbewahren oder gleich auf Tellern anrichten. Dazu den Spinat und den frisch gebratenen Fisch reichen.

***Guten Appetit! wünscht**

Detlef Rothert, Inhaber des »Cool Stuff« in der Langenstraße

Als Kinder mochten wir ja nicht so gerne Fisch. Da waren wir immer ganz froh, wenn mein Vater vom Angeln auf dem Rügendamm Hornfisch mitbrachte. Der kam im Mai, wenn die Heringsangelei langsam zu Ende ging. Deswegen nannten ihn manche auch Maifisch. Hornfisch ging deshalb in Ordnung, weil er grüne Gräten hat. Die konnte man sicher finden. Ich fuhr gerne mit zum Angeln und ließ auch ein Schnürchen 'reinhängen. Mein Vater erzählte immer, den Hornfisch gebe es nur im Strelasund und noch vor einigen Küsten Rügens. Ich weiß nicht, ob das stimmt. Aber als wir vor ein paar Jahren Besuch aus Hessen hatten und denen Hornfisch vorsetzten, fielen die aus allen Wolken. Ein Fisch mit grünen Gräten – nein, was es auf Gottes weiter Welt alles Wundersames gebe …

Dirk Holter, Jahrgang 1964, Knieper Nord

Hornfisch mit Schalotten-Butter

- 2 Hornfische
- 2 Zwiebeln
- 12 Pfefferkörner
- 1 TL Senfkörner
- 250 ml Riesling
- 1–2 EL Weißweinessig
- Öl & 5 Schalotten
- 100 g Butter
- Salz & weißer Pfeffer

Die Zwiebeln mit den Pfeffer- und Senfkörnern in reichlich Wasser aufkochen und ziehen lassen. Den gesäuberten Hornfisch in handbreite Stücke teilen und etwa 15 Minuten in dem Sud gar ziehen lassen. Schalotten fein würfeln, mit einem EL Butter in einen Topf geben und kurz anschwitzen. Wein und Essig aufgießen und Soße einkochen lassen. Den Topf vom Herd nehmen und die restliche, eiskalte Butter in mehreren Portionen unterschlagen. Mit Salz und weißem Pfeffer abschmecken. Die Schalottensoße mit Petersilienkartoffeln zum Fisch reichen.

Das Gebäude Mönchstraße 48, unter dem sich die Gaststätte »Hansekeller« befindet, wurde 1685 erstmals urkundlich erwähnt, wobei der Kreuzgewölbekeller schon aus dem 16. Jahrhundert stammen dürfte. Das Haus war als Sitz der Stralsunder Kaufmannsgilde bekannt. Seit 1900 war es Gewerbehaus der Stralsunder Handwerkszunft, noch heute hat die Handwerkskammer dort ihr Domizil. Auch im benachbarten »Kaffeehaus Strahl«, das ebenso wie der »Hansekeller« und das »Alte Bankhaus« in der Heilgeiststraße von der Gastronomen-Familie Strahl geführt wird, findet sich ein gemütlicher Gewölbekeller aus dem 19. Jahrhundert, der im Originalzustand erhalten blieb und ein besonderes Flair für Veranstaltungen aller Art bietet. Nicht unerwähnt bei den »Kellerkindern« der Stralsunder Gastronomie darf indes der »Wallensteinkeller« bleiben. Er befindet sich in den Tiefen der Stadtmauer und gilt als ältestes erhaltenes Tonnengewölbe Mecklenburg-Vorpommerns, denn er datiert aus dem frühen 14. Jahrhundert. Dort trifft man sich heute zu rustikalem Ritterschmaus bei Kerzenschein.

Stralsunder Scholle*

4 Schollen à 300 g
40 g Bauchspeck
200 g grüne Gurke
200 g Champignons & 40 g Zwiebeln
140 g Shrimps & 40 g Butter
500 g Kartoffeln
2 EL gehackter Dill & 200 ml Sahne
100 ml Weißwein
Zitrone & Worcestersauce
Mehl, Öl, Salz & Pfeffer

Die Schollen waschen, trocken tupfen und leicht salzen. Dann eine Marinade aus Sahne, Weißwein, Zitrone und Worcestersauce rühren und mit Salz und Pfeffer abschmecken. Die Schollen in die Marinade legen und etwas durchziehen lassen. Danach Speck und Zwiebeln würfeln, die Champignons in Scheiben schneiden und die Gurke in Halbmonde. Die Kartoffeln kochen und in ein Zentimeter große Würfel schneiden. Speck und Zwiebeln in der Pfanne anschwitzen. Gurke, Pilze und die Shrimps dazugeben. Alles leicht salzen und mit Weißwein ablöschen. Die Schollen aus der Marinade nehmen und in Mehl wenden. Öl und Butter in einer Pfanne auslassen und die Fische darin von beiden Seiten goldgelb braten. Zum Schluss die Kartoffeln in heißer Butter schwenken und mit Dill bestreuen. Zusammen mit dem Gemüse und der Scholle auf einer Platte anrichten.

Guten Appetit! wünscht
Manfred Hinz, Küchenchef im »Hansekeller« in der Mönchstraße

Butterfisch mit Limonen-Chilisauce und gebratenem Zuckerschoten-Salat auf Risotto*

720 g Butterfisch
(Buttermakrele)
Olivenöl
Salz & Pfeffer
Knoblauch & Zitrone

Für die Sauce:
400 ml trockener Weißwein
4 Schalotten
8 EL Wermut (Noilly Prat)
1,5 l Fischfond & 1 l Sahne
80 g kalte Butter
Limonenabrieb & Salz
Chilipulver oder
Chilifäden

Für das Risotto:
1 Schalotte & 1 Knoblauchzehe
100 g Erbsen & 80 g Butter
50 g Parmesan & 1 EL Minze
4 Minze-Spitzen
200 g Risotto-Reis
50 ml Weißwein
800 ml Geflügelfond
Salz & Pfeffer

Für den Salat:
400 g Zuckerschoten
250 g Kirschtomaten
2 EL Walnussöl
1 EL Balsamico
Salz, Pfeffer & Zucker
Paprikapulver

Für die Limonen-Chilisauce die geschälten Schalotten in feine Würfel schneiden und in einem Topf andünsten. Zuerst den Weißwein, dann den Wermut angießen und die Mischung zum Kochen bringen. Sobald sie aufwallt, den Fischfond dazugeben. Alles bei mittlerer Hitze auf ein Drittel reduzieren. Dann die Sahne hinzufügen und unter ständigem Rühren langsam zum Sieden bringen. So lange köcheln lassen, bis die Sauce sämig ist. Jetzt eisgekühlte Butter in kleinen Flöckchen unterrühren und mit dem Stabmixer sorgfältig einarbeiten. Zum Schluss mit etwas Salz, Chilipulver oder -fäden sowie Limonenabrieb und -saft abschmecken.

Für das Risotto den Geflügelfond aufkochen und warm stellen. Schalotte und Knoblauch fein hacken und in 20 g Butter glasig anschwitzen. Den ungewaschenen Reis dazugeben, ebenfalls glasig dünsten und mit heißem Geflügelfond aufgießen. Dabei immer wieder rühren und Flüssigkeit nachfüllen, bis der Reis »al dente« gegart ist. Das Risotto vom Herd nehmen und mit der restlichen Butter, geriebenem Parmesan, den frischen Erbsen, Salz und Pfeffer vermengen. Am Ende die fein geschnittene Minze unterheben. Zuckerschoten und Kirschtomaten putzen und waschen. Zuckerschoten in kochendem Salzwasser etwa 3 Minuten garen, kalt abschrecken und in einem Sieb abtropfen lassen. Anschließend in Walnussöl anschwitzen, mit Balsamico, Salz, Pfeffer, Zucker und Paprika abschmecken. Zum Schluss die Kirschtomaten zugeben.

Olivenöl in einer Pfanne erhitzen. Den Butterfisch mit Salz, Pfeffer, Knoblauch und Zitrone bestreichen und in der heißen Pfanne auf jeder Seite 2 bis 3 Minuten braten. Fisch mit der Limonen-Chilisauce anrichten, das Risotto mit einer Minze-Spitze garnieren und dazu den Zuckerschoten-Salat reichen.

Guten Appetit! wünscht
Lutz Wendefeuer, Gastwirt der »Wulflamstuben« am Alten Markt

Eigentlich kann man den Medien dankbar sein: Es läuft zwar auch da viel Müll im Fernsehen, aber die vielen Kochsendungen haben doch etwas sensibilisiert für gute Küche, haben Interesse geweckt an neuen Ideen. Dass das Verständnis für qualitätsvolles Kochen wieder wächst, merke ich auch bei den Anmeldungen für unsere Kochseminare, die wir im Meeresmuseum angeboten haben. Manchmal konnte ich mich vor Anmeldungen gar nicht retten. Es geht den Leuten heute jedenfalls wieder um vollen Geschmack, um die Qualität der Produkte. Das treibt mitunter aber auch Blüten: Das Schärfste, was ich da mal angeboten bekam, war doch tatsächlich »Bio-Hering«!

Holger Krambeer, Jahrgang 1973,
seit 2003 Chefkoch im Steigenberger Hotel »Baltic« am Frankendamm

Kalbsbäckchen mit Wurzelgemüse und Gratinkartoffeln*

8 Kalbsbäckchen
(beim Fleischer vorbestellen)
500 g Wurzelgemüse (Karotten,
Staudensellerie, Knollensellerie,
Schalotten)
Butterschmalz
100 ml dunkler Bratenfond
dunkler Balsamico
je 1 Zweig Rosmarin und Thymian
Salz, Pfeffer & Zucker
800 g Kartoffeln & 500 ml Sahne
3 Eier, Muskat & Thymian

Kalbsbäckchen putzen, in Butterschmalz kräftig anbraten. Wurzelgemüse putzen und in Rauten oder Spalten schneiden. Fleisch aus dem Topf nehmen und das Gemüse darin anbraten. Mit Balsamico ablöschen, Fond auffüllen und Kräuterzweige zur Soße geben. Kalbsbäckchen wieder hineinlegen und in dem Balsamicojus weich schmoren. Kartoffeln schälen, waschen und in Scheiben schneiden. Diese in eine Auflaufform schichten. Sahne und Eier verrühren, mit Thymian, Muskat, Salz und Pfeffer abschmecken und über die Kartoffelscheiben gießen. Im Ofen bei 170 °C etwa 45 Minuten backen.

Filet und Bauch vom Bentheimer Schwein mit Kräuterkartoffeln, glasiertem Wurzelgemüse und Jus*

600 g Schweinefilet
500 g Schweinebauch & 180 ml Rapsöl
Salz & Pfeffer aus der Mühle
650 g neue Kartoffeln
8 Zweige Thymian
3 Zweige Blattpetersilie
3 Knoblauchzehen & 260 g Karotten
260 g gelbe Möhren
260 g Knollensellerie & 4 Schalotten
4 Frühlingszwiebeln
100 g Butter
500 ml Kalbsfond

Mit der Zubereitung des Schweinebauches sollte einen Tag vorher begonnen werden. Den Schweinebauch gut salzen und abgedeckt im Kühlschrank für 6 Stunden stehen lassen. Herausnehmen und mit klarem Wasser abspülen. Das Öl in ein feuerfestes Gefäß geben und den Schweinebauch darin einlegen. Leicht beschweren, so dass er komplett vom Öl bedeckt ist. Kräuter und den leicht angedrückten Knoblauch in das Öl legen und bei 100 °C im Ofen confieren. Nach 4 bis 6 Stunden sollte der Bauch gar sein.

Das Schweinefilet herrichten, Gemüse putzen und die Kartoffeln im Salzwasser mit etwas Kümmel in der Schale kochen. Die Karotten und den Sellerie in Stifte schneiden. Schalotten und Frühlingslauch halbieren. Etwas Butter im Topf zerlassen und das Gemüse zugeben. Kurz anschwitzen. Dann die Schalotten und zum Schluss Frühlingslauch zugeben. Wenn das Gemüse bissfest gegart ist, noch etwas Butter zergehen lassen. Mit Salz und Pfeffer abschmecken. Eventuell mit einer Prise Zucker verfeinern. Für die Kartoffeln etwas Butter in der Pfanne zerlassen. Die Kartoffeln darin schwenken und zum Schluss die Kräuter zugeben.

Das Schweinefilet mit dem confierten Bauch anbraten und dann bei 180 °C für 6 bis 8 Minuten in den vorgeheizten Ofen geben. Den Bratensatz mit dem Kalbsfond ablöschen und auf die gewünschte Konsistenz reduzieren. Das Schweinefilet tranchieren und zusammen mit dem Schweinebauch auf dem Teller platzieren. Gemüse und Kartoffeln anrichten und zum Schluss die Jus ans Fleisch geben.*

Guten Appetit! wünscht

Markus Wölflik, Küchendirektor des Radisson Blu am HanseDom

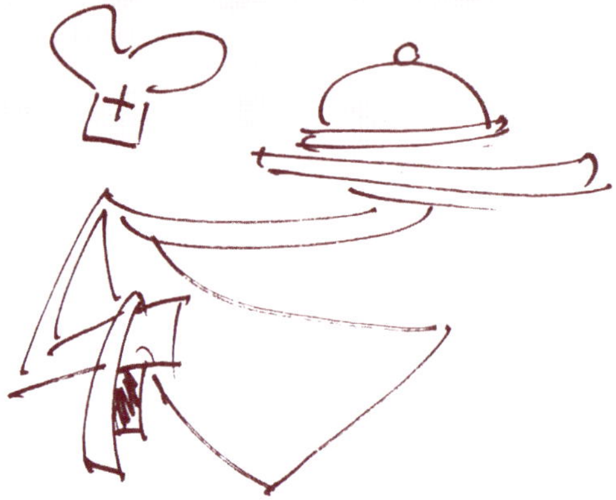

Um die Jahrhundertwende erwarb der Stralsunder Großkaufmann Gustav Koch eine klassische Datsche: In der Fährstraße wohnend, fuhr er zur Sommerfrische bis an den Jungfernstieg hinaus. Das Holzgebäude im schwedischen Landhausstil stand inmitten eines großzügigen Gartens mit Blick auf den Knieperteich. Ein oft publiziertes historisches Foto zeigt den Getreidehändler mit seiner Gattin vor der Veranda des Hauses. Die Aufnahme erlangte auch deshalb solche Bekanntheit, weil Frau Koch eine Zeitung in die Kamera hält, die in fetten Lettern den Eintritt Russlands in den Ersten Weltkrieg verkündet. Gustav Koch wurde auch als Förderer des Stralsunder Rudervereins bekannt. Unter seinem Vorsitz baute man das Bootshaus am Sundufer, noch heute Domizil des Kanu-Vereins. Das Gastronomen-Paar Axel-Alexander Müller und Sonja Klatte aus Oldenburg lernte das fast verfallene Haus 1997 kennen und entschloss sich spontan zur Restaurierung. Zimmerleute und Tischler leisteten Schwerstarbeit bei der Rekonstruktion der reich verzierten Holzfassade. 1999 konnten dann Restaurant und Pension »Tafelfreuden im Sommerhaus« eröffnet werden.

Filet vom Black Angus Rind in Stralsunder Bernsteinweizen mit Kartoffel-Knoblauch-Schaum*

4 Rinderfilets à ca. 160 g
Salz, Pfeffer & Zucker
0,5 l Stralsunder Bernsteinweizen
1/2 Bd. Thymian
2 Knoblauchzehen
250 ml Geflügelbrühe
1 große Zwiebel
600 g Kartoffeln & 20 g Butter
60 g Sahne
4 Knoblauchzehen

Einen Fond aus Bier, Thymian, 2 Knoblauchzehen, abgezogener Zwiebel und Geflügelbrühe bereiten und zum Kochen bringen. Rinderfilets mit Salz, Pfeffer und etwas Zucker würzen und in den kochenden Sud legen. Mit einem kleineren Topfdeckel die Fleischstücke beschweren und etwa 8 Minuten leise köcheln lassen. Fleisch dann herausnehmen und kurz ruhen lassen. Die Kartoffeln schälen und weich kochen. Sahne, Butter und Knoblauch mit in den Topf geben und heiß werden lassen, pürieren und abschmecken. Dazu passen gebratene Austernpilze.

**Guten Appetit! wünscht*

Axel-Alexander Müller, Inhaber der »Tafelfreuden im Sommerhaus« am Jungfernstieg

Wildschweinfilet in Schwarzbrotkruste auf Rotwein-Kirschsauce*

800 g Wildschweinfilet
1/2 l Schwarzbier
1 kleine Zwiebel
Wacholder & Zucker
gestoßene Pfefferkörner
1 Zweig Rosmarin
1 Knoblauchzehe
3 Eier & 3 EL Mehl
Semmelmehl vom Schwarzbrot
(Vollkornbrot)
Butterfett zum Braten
Salz & Pfeffer

Für die Sauce:
1 Glas Schattenmorellen
(370 ml)
1/4 l Rotwein
1 kleine Zimtstange
Sternanis & 1 TL Honig
Speisestärke

Eine Marinade bereiten aus Bier, Pfefferkörnern, Wacholder, Zwiebel, Rosmarin und Knoblauch. Alles einmal aufkochen und auf Zimmertemperatur abkühlen lassen. Das Fleisch waschen, mit Küchenkrepp gut abtrocknen und in die Marinade legen. Einen Tag ruhen lassen.

Für die Zubereitung das Wildschweinfleisch aus dem Fond nehmen und abtrocknen. Mit etwas Pfeffer und Salz würzen, in Mehl wenden, durch geschlagenes Ei ziehen und mit Semmelmehl panieren, alles gut andrücken. Das Butterfett in der Pfanne erhitzen und das Filet von allen Seiten braten. Für die Sauce die Kirschen abtropfen lassen, den Saft dabei auffangen. Den Rotwein mit 4 EL Kirschsaft mischen und in einem Topf erhitzen. Die Früchte, die Zimtstange und eine Prise Sternanis zugeben. Den Honig unterrühren und alles bei schwacher Hitze ziehen lassen. Nach Bedarf mit Speisestärke binden. Das Wildschweinfilet aufschneiden und auf der Rotwein-Kirschsauce anrichten. Dazu Rosmarinkartoffeln reichen.

**Guten Appetit! wünscht*

Torsten Lorenz, Chefkoch im »Ventspils« an der Sundpromenade

Schweinefilet im Speckmantel mit Spargel-Erdbeer-Salat und Kümmelkartoffeln*

800g Schweinefilet
8 Scheiben Frühstücksspeck
2 EL Olivenöl
Salz, Pfeffer & Knoblauch
Rosmarin & Thymian
400 g neue kleine Kartoffeln
1 EL Kümmelkörner
Salz

Für den Spargel-Erdbeer-Salat:

500 g weißer Spargel
250 g kleine Erdbeeren
1 Bd. Pfefferminze
Zitronensaft, Pfeffer & Salz
Puderzucker & Olivenöl
Chili nach Geschmack

Den Spargel schälen, in kurze Stücke schneiden und kurz in Salzwasser garen, so dass er knackig bleibt. Abtropfen lassen und in heißem Olivenöl durchschwenken. Eine Marinade aus Zitronensaft, Olivenöl, Puderzucker, Salz, Pfeffer und Chili anrühren. Die Erdbeeren halbieren und mit dem lauwarmen Spargel mischen. Mit der Sauce übergießen und zum Schluss die fein gehackte Minze dazugeben.

Kartoffeln abbürsten und ungeschält in kochendes Wasser geben, das mit Kümmel und Salz gewürzt wurde. Darin gar kochen. Das Schweinefilet von Fett und Sehnen befreien, in gleich große Stücke schneiden und mit dem Handballen leicht flach drücken. Mit Pfeffer würzen und nur ganz leicht salzen, dann jedes Medaillon mit einer Scheibe Frühstücksspeck umwickeln. Das Olivenöl in der Pfanne erhitzen. Die Medaillons hineinlegen, den Knoblauch, Rosmarin und Thymian dazugeben. Filet von beiden Seiten anbraten, dann auf kleiner Flamme medium garen. Eventuell in Folie wickeln und nochmals eine Minute ruhen lassen. Schweinemedaillons mit dem frischen Spargel-Erdbeer-Salat und den gegarten Kümmelkartoffeln anrichten.

Guten Appetit! wünscht

Lutz Wendefeuer, Gastwirt der »Wulflamstuben« am Alten Markt

Früher sagte man, Stralsund habe keinen König, aber einen Regenten: Gambrinus. Der legendäre König von Flandern und Brabant galt als Schutzheiliger der Bierbrauer. Da man früher mehr Bier als alles andere trank, war die Zahl der Brauhäuser unüberschaubar. Das Stralsunder Bier hatte dabei schon im 16. Jahrhundert einen hochrangigen Fan: Der Schwedenkönig Karl Gustav Wasa ließ sich sundischen Gerstensaft bis Stockholm bringen. In der ersten Hälfte des 20. Jahrhunderts gehörte die Vereins-Brauerei am damaligen Ende der Greifswalder Chaussee zu den beliebtesten Gartenlokalen der Stralsunder. Bei schönem Wetter organisierten sie Wanderungen oder Ausfahrten dorthin. Besonders beliebt war das Maibock-Anstechen. Das familiengeführte Unternehmen Getränke Nordmann knüpft heute an diese lange Tradition an. Die Backsteingebäude der Brauerei, die um 1880 entstanden, beherbergten noch bis 1992 Produktionsanlagen, ehe darin das Braugasthaus »Zum alten Fritz« eingerichtet wurde. Dort reicht man übrigens auch Erzeugnisse der unternehmenseigenen Hofgüter auf Rügen, beispielsweise hervorragendes Fleisch von Weiderindern.

Störtebekers Biergulasch*

900 g Bio-Rindergulasch
400 g Zwiebeln
80 g Schweineschmalz
1/2 TL gemahlener Kümmel
300 g weiße Champignons
1/2 l Störtebeker Pils
1/2 l Rinderfond
1 EL Tomatenmark
Majoran, 1 EL Mehl
2 Lorbeerblätter
100 ml saure Sahne

Rindfleisch in etwa 3 Zentimeter große Würfel schneiden. Das Fleisch zusammen mit den in Streifen geschnittenen Zwiebeln im heißen Schweineschmalz anbraten und mit Salz und Pfeffer würzen. Tomatenmark zugeben und kurz mit anrösten. Den Gulaschansatz mit der Hälfte des Bieres und dem ganzen Rinderfond ablöschen. Das Ganze zum Kochen bringen und die Gewürze dazugeben, nun alles bei mittlerer Hitze garen. Kurz vor dem Ende der Garzeit das restliche Bier und die geviertelten Champignons zugeben und alles nochmals 20 Minuten köcheln lassen. Dann mit einer Mischung aus saurer Sahne und Mehl abbinden. Den Biergulasch mit Salz und Pfeffer abschmecken. Als Beilage eignen sich Salzkartoffeln, Knödel oder Bauernbrot.

Guten Appetit! wünscht

Marko Vooth, Küchenleiter im Braugasthaus »Zum alten Fritz« an der Greifswalder Chaussee

Sauerfleisch im Weckglas mit Bratkartoffeln*

600 g Schweineschulter ohne Schwarte und Knochen
4 Zwiebeln & Pökelsalz
2 Lorbeerblätter
Wacholderbeeren
Pimentkörner
200 ml Essig & 8 EL Zucker
2 l Wasser, Salz & Pfeffer
Aspikpulver

Für die Bratkartoffeln:
600 g festkochende Kartoffeln
Speck & Zwiebeln
Butterschmalz
Salz & Pfeffer

Das Fleisch wird zwei bis drei Tage in einen Sud eingelegt, der aus Wasser, Pökelsalz, grob gehackten Zwiebeln und den Gewürzen bereitet wird. Zum Schluss den Sud durchseien und mit dem Fleisch kochen. Das geronnene Eiweiß abschöpfen. Anschließend Essig und Zucker zugeben und so lange kochen, bis das Fleisch weich ist. Aus dem Topf nehmen, abkühlen lassen und in grobe Würfel schneiden. Die Fleischwürfel gleichmäßig auf Weckgläser verteilen. Den Sud durchseien und mit Aspikpulver nochmals aufkochen. Dann die Gläser damit auffüllen und etwa eine halbe Stunde abkühlen lassen. Die Kartoffeln mit Schale garen. Einen Schuss Öl ins kochende Wasser geben, dann lassen sie sich besser pellen. In einer Pfanne Speck anbraten, die geschnittenen Kartoffeln hinzufügen. Wenn sie schon etwas braun sind, die gehackten Zwiebeln dazugeben. Mit Salz und Pfeffer würzen. Zum Schluss Butterschmalz einrühren, dadurch bekommen die Bratkartoffeln einen angenehmen Buttergeschmack.

Guten Appetit! wünscht
Manfred Hinz, Küchenchef im »Hansekeller«

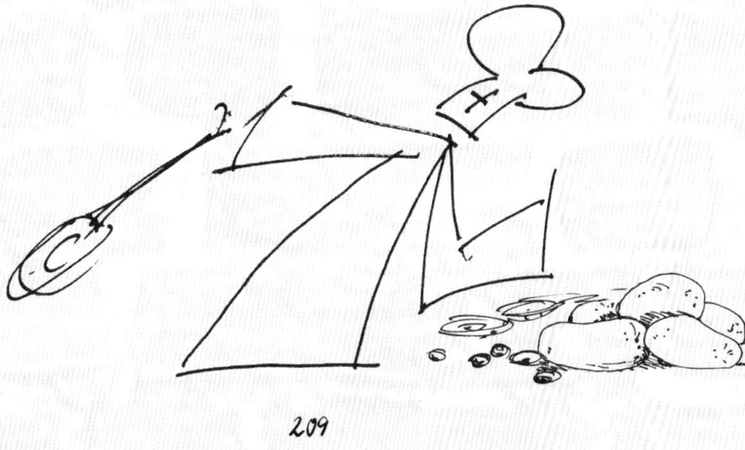

Der an der Ostsee weitverbreitete Sanddorn ist ein wahrer Schwarzenegger unter den Vitaminspendern. Das Kraftpaket wartet mit einem zehnmal höheren Vitamin-C-Gehalt auf als Zitronen und wird darin nur noch von der Hagebutte übertroffen. Erste Versuche, die tief wurzelnde Küstenpflanze im Interesse der Volksgesundheit zu kultivieren, unternahm die DDR Ende der 1960er-Jahre. Diesen Bestrebungen verdanken wir heute ertragreiche Plantagen im brandenburgischen Havelland. Doch auch die Franzosen versuchen sich im Sanddorn-Anbau an den Hängen der Alpen. Weltweiter Hauptproduzent von Sanddorn ist indes die Volksrepublik China. Die ursprüngliche Heimat dieser Pflanzen liegt da auch ganz in der Nähe: Nepal.

Schweinemedaillons in Sanddornsoße mit Bandnudeln*

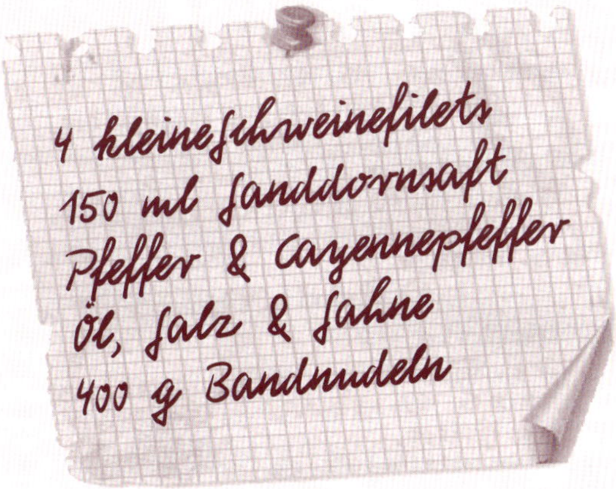

Aus jedem Filetchen drei Medaillons schneiden, den Rest des Fleisches für Geschnetzeltes verwenden. Die Medaillons mit der Hand ganz leicht klopfen und in wenig Öl anbraten. In der Pfanne mit Pfeffer, Salz und nach Geschmack Cayennepfeffer würzen. Sobald das Fleisch Farbe angenommen hat, mit Sanddornsaft (100 % Direktsaft) ablöschen. Die Pfanne abdecken und 3-4 Minuten köcheln lassen. Kurz vor dem Servieren die Sahne unterziehen. Die Bandnudeln in reichlich Salzwasser kochen. In der Mitte des Tellers anrichten, Soße darüberfüllen und mit den Medaillons bekrönen. Einen Klecks Sanddorngelee dazu reichen.

**Guten Appetit! wünscht*
Detlef Rothert, Inhaber des »Cool Stuff« in der Langenstraße

Mafia-Torte

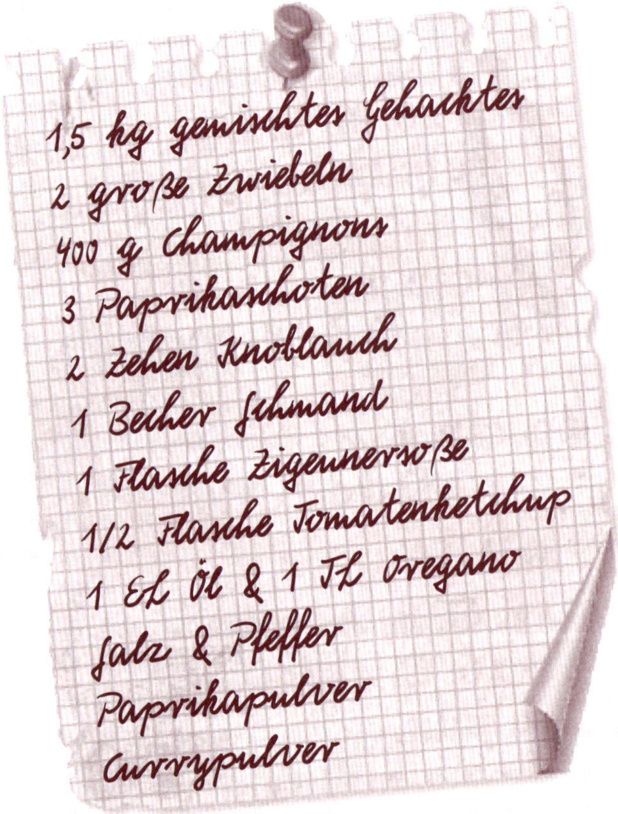

Hackfleisch gut würzen und auf einem geölten Backblech verteilen. Champignons und Paprikaschoten klein schneiden, Zwiebeln und Knoblauch fein hacken. Alles auf dem Hackfleisch verteilen. Schmand, Zigeunersoße, Ketchup, Öl und Oregano verquirlen und ebenfalls auf dem Blech verteilen. Ofen auf 180 ° C vorheizen, Hackfleisch darin gut eine Stunde garen.

Lammrückensteaks mit Schwarzbiersauce und jungen Rosmarinkartoffeln*

800 g Lammrücken
Pfeffer, Salz & etwas Gin
3 Eier & 3 EL Mehl
Semmelmehl vom Schwarzbrot (Vollkornbrot)
Butterfett zum Braten
800 g festkochende junge Kartoffeln
125 g Butter
frischer Rosmarin

Für die Sauce:
1/4 l Schwarzbier
50 g Butter
3 Schalotten
400 g Waldpilze
Pfeffer & Salz
1 TL Honig
ein Zweig frischer Thymian
1 Knoblauchzehe

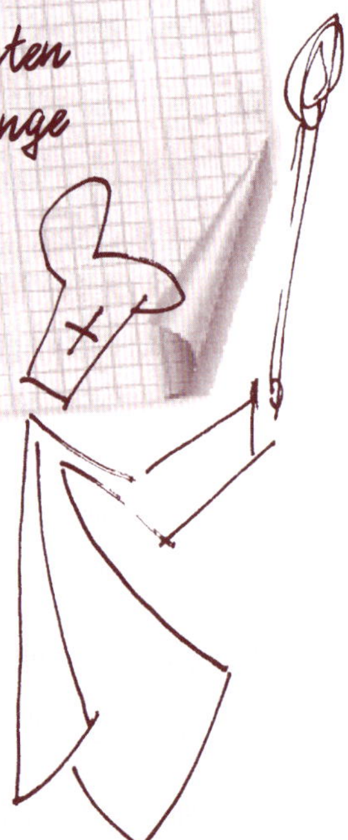

Das Fleisch waschen und mit Küchenkrepp gut trocknen. Mit etwas Gin beträufeln und mit Salz und Pfeffer würzen. Die Steaks erst in Mehl wenden, dann durch geschlagenes Ei ziehen und zum Schluss im Semmelmehl panieren. Alles gut andrücken. Das Butterfett in einer Pfanne erhitzen, dann das Fleisch von beiden Seiten darin braten.

Für die Sauce Knoblauchzehe und Schalotten fein würfeln und in ausgelassener Butter anschwitzen. Die Waldpilze (bei tiefgekühlten Pilzen: gut abtropfen lassen) dazugeben, den frischen Thymian hacken und darüber verteilen. Alles gut durchschwenken und mit dem Bier auffüllen. Den Honig unterrühren, mit Pfeffer und Salz abschmecken und bei kleiner Hitze etwa 10 Minuten köcheln lassen.

Die jungen Kartoffeln gut waschen und in Salzwasser bissfest kochen. Abgießen und die Kartoffeln halbieren. Die Butter in einer Pfanne erhitzen und sie mit dem frisch gehackten Rosmarin darin schwenken. Die Lammsteaks auf der Sauce anrichten, die Kartoffeln dazugeben und mit einem kleinen Zweig Rosmarin dekorieren.

Guten Appetit! wünscht

Torsten Lorenz, Chefkoch im »Ventspils« an der Sundpromenade

Sanddorntorte*

1 Biskuitboden
1,5 kg Äpfel
150 g Zucker
Saft einer Zitrone
2 EL Kartoffelstärke
250 ml Sanddornsirup
250 g Puderzucker
100 g Mandelblättchen
Mandelkrokant

Äpfel schälen, vierteln, entkernen und klein schneiden. Mit dem Saft einer Zitrone vermischen. Den Zucker in einen Topf geben, die Äpfel hinzufügen und unter mehrmaligem Umrühren weich dünsten. Zum Schluss die Hälfte des Sanddornsirups unterziehen. Kartoffelstärke mit kaltem Wasser anrühren und die Apfelmasse damit andicken. Abkühlen lassen. Den Biskuitboden zweimal vertikal teilen, so dass drei Schichten entstehen. Den ersten Boden mit der Hälfte der Apfelmasse bestreichen, den zweiten Boden darauflegen und die restliche Apfelmasse darauf verteilen. Dann den dritten Boden auflegen. Aus Puderzucker und dem übrigen Sanddornsirup eine Zuckerglasur bereiten und über die ganze Torte ziehen. Die Mandelblättchen ohne Fett in einer Pfanne kurz rösten. Abkühlen lassen und den Tortenrand damit garnieren. Auf der Oberfläche stückweise mit Krokant verzieren. Vor dem Verzehr gut kühlen.

Guten Appetit! wünscht
das »Kaffeehaus Strahl« in der Mönchstraße

Geboren bin ich in Mittelfranken und habe Konditor und Koch gelernt. Ich habe in Irland am Herd gestanden, in Australien, Luxemburg und der Schweiz, war auch auf einem Luxuskreuzfahrtschiff unterwegs. Über die Stationen München und Hamburg habe ich mich dann langsam in Richtung Stralsund bewegt. Seit 2005 bin ich nun Chefkoch in diesem Hause. Ich liebe diese Stadt, ich finde sie superattraktiv. Das mittelalterliche Flair verbunden mit dem Sund – das ist einfach unschlagbar. Ich würde mir wünschen, dass alle ambitionierten Köche in der Stadt den einheimischen Produkten und Anbietern ihren Respekt erweisen, denn sie haben es wirklich verdient. Ich halte nichts von »molekularem Kochen«. Ich favorisiere bodenständige Küche mit lokalen Produkten. Unser Frühstücksbuffet hat beispielsweise 170 Positionen – mit Brot vom hiesigen Bio-Bäcker und Honig von Rügen. Die Aufzählung ließe sich lange fortsetzen …

Markus Wölflik, Chefkoch des Radisson Blu am HanseDom

Gratinierte Waldbeeren mit Holunderblütensorbet und marmorierten Knuspergebäck*

120 g gemischte Waldbeeren
300 ml Holunderblütensirup
125 g Zucker & 110 ml Wasser
110 ml Champagner
Saft einer Zitrone
1/2 Vanilleschote
50 g Puderzucker & 50 g Butter
7 Eigelb & 50 ml Sahne
25 g Mehl & 25 g Puderzucker
25 g Eiweiß & 25 g Butter
1 TL Kakao

Für das Sorbet den Zucker mit dem Wasser aufkochen, bis er sich aufgelöst hat. Zwischendurch den Schaum von der Oberfläche abschöpfen. Anschließend auskühlen lassen. Nach dem Abkühlen den Sirup und den Champagner unterrühren. Die Sorbetmasse in ein Behältnis geben und ins Gefrierfach stellen. Unter gelegentlichem Umrühren frieren lassen, bis eine cremige Konsistenz zu erkennen ist.

Für die Gratinmasse die weiche Butter mit dem Puderzucker und dem Mark der ausgekratzten Vanilleschote im Schlagkessel aufschlagen. Die Eigelbe zugeben und mit einem Spritzer Zitronensaft abschmecken. Zum Schluss die geschlagene Sahne unterziehen.

Für die Hippenmasse Mehl, weiche Butter, Puderzucker und Eiweiß zu einer glatten Masse verrühren. 1/3 der Masse abnehmen und mit dem Kakao einfärben. Die Hippen dann kreisförmig auf einem Blech, welches mit Backpapier ausgelegt wurde, aufstreichen. Vorher aber die Schokohippenmasse klecksweise verteilen und dann die helle Hippenmasse mit einer Palette darüberstreichen. Bei etwa 175 ° C für 4 bis 7 Minuten backen. Die Waldbeeren in ein feuerfestes Förmchen füllen und die Gratinmasse mit einem Löffel darübergeben. In den vorgeheizten Backofen bei 220 ° C Oberhitze stellen und gratinieren. Herausnehmen, das Sorbet separat anrichten und mit dem Knuspergebäck dekorativ ausgarnieren.

Bratäpfel

Feste Äpfel waschen, halbieren und das Kerngehäuse herausschneiden. Mit der Schnittfläche nach unten auf die Fettpfanne legen. Je nach Größe 5 bis 7 Minuten im Backofen bei 200° C grillen. Nach der Hälfte der Zeit die Äpfel umdrehen und mit zerlassener Butter beträufeln. Backofen ausschalten und noch drei Minuten ruhen lassen. Zum Servieren die Schnittflächen mit einem Schuss Kognak übergießen und mit Vanillezucker bestreuen.

Erdbeer-Basilikum-Eis*

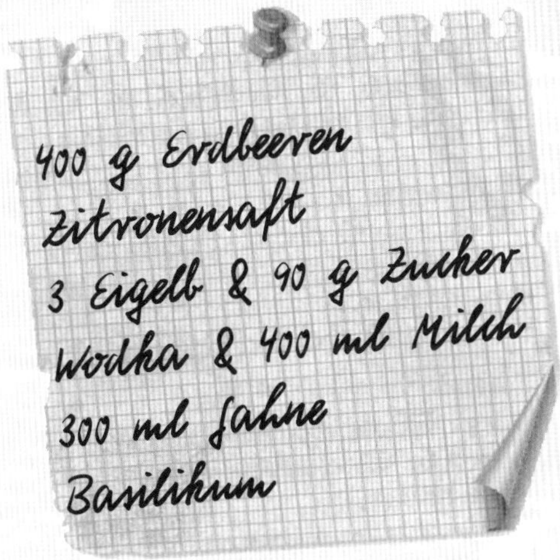

Eigelb, Zucker und Wodka aufschlagen, bis auf dem Löffel beim Anpusten der Masse »eine Rose abzieht« (kurz vor dem Steifschlagen). Erdbeeren pürieren und mit Zitronensaft abschmecken. Milch zum Kochen bringen und zur Ei-Zucker-Masse geben. Alles rühren, bis die Masse zu stocken beginnt, dann abkühlen lassen. Sahne aufschlagen und unterheben. In die Eismaschine füllen. Kurz vor dem Gefrieren nach Geschmack Basilikum zugeben.

**Guten Appetit! wünscht*

Axel-Alexander Müller, Inhaber der »Tafelfreuden im Sommerhaus« am Jungfernstieg

Ich wollte als Junge unbedingt Bäcker werden. Zu meiner Jugendweihe habe ich Schwarzwälder Kirschtorte gebacken, die war ein Highlight auf dem Fest. Mein Bruder musste helfen. Der fluchte fürchterlich, weil er die tiefgefrorene Schokolade reiben musste und sie wurde unter seinen Fingern relativ schnell weich. Meine Backleidenschaft war nicht zu bremsen – sehr zum Leidwesen meiner Mutter, denn die musste alle Zutaten besorgen. Ich habe auch mal Windbeutel aus Brandteig gemacht, das war ziemlich knifflig. Da bin ich in einer Freistunde nach Hause gerannt, um die zuzubereiten. Ein Schulfreund tauschte immer mit mir Rezepte aus. Der ist dann tatsächlich Bäcker geworden. Bei mir ist nichts daraus geworden, aber Kochen und Backen liegen mir noch heute sehr.

Jan Pioch, Jahrgang 1976, Altstadt

Rosmarin-Eis

6 Eigelb
1 EL Zucker
100 g Honig
600 ml Schlagsahne
1 EL getrockneter Rosmarin

Die ganz frischen Eigelbe mit Zucker schaumig schlagen. Honig und Schlagsahne hinzufügen und im Wasserbad langsam erhitzen. Masse durch ein Sieb streichen. Getrockneten Rosmarin mahlen oder im Mörser fein zerstoßen, dann unterheben. In ein Plastegefäß füllen und im Eisfach gefrieren lassen, dabei möglichst oft umrühren.

Die Schlehe oder der Schwarzdorn ist ein uraltes Steinobstgewächs mit dem wissenschaftlichen Namen prunus spinosa. Die herrlich blühenden, bis zu drei Meter hohen Sträucher sind oft an Weg- und Waldrändern zu finden. Auf den Dünen an der Ostsee wächst der Schwarzdorn häufig in Gesellschaft von Weiden und prägt so die Küstenlandschaft mit. Im Herbst trägt die Schlehe kleine dunkelblaue Früchte, die sehr sauer und herb schmecken. Aber nach den ersten Frösten werden sie schmackhafter und bilden ihr unverkennbares Aroma aus, das schon unsere Großmütter zu schätzen wussten. Marmeladen, Fruchtsäfte und Liköre aus Schlehen kommen jetzt wieder sehr in Mode. Kleine Destillerien in der Region gewinnen daraus einen feinen Obstbranntwein. Auch die Heilkunde kennt die entzündungshemmende, harntreibende und adstringierende (zusammenziehende) Wirkung der Schlehe seit Jahrhunderten. Heute benutzt man ihre getrockneten Blüten beispielsweise als Teeaufguss bei Hautkrankheiten und rheumatischen Beschwerden oder als Gurgelmittel bei Rachenentzündungen. Hierzulande gelten Mus oder Gelee aus Schlehen als todsicheres Hausmittel gegen Appetitlosigkeit. Dass die dornigen Büsche auch als Schutz gegen Hexen wirken und deshalb oft Weiden und Höfe damit umpflanzt wurden, dürfte hingegen wirklich Aberglauben sein.

Kirsch-Amaretto-Punsch

- 2 Zimtstangen
- 1 Vanilleschote
- 400 ml Schlehensaft
- 400 ml Kirschsaft
- 200 ml Orangensaft
- 20 g Zucker
- 4 Gewürznelken
- 1 Bio-Zitrone
- 120 ml Amaretto

Zimtstange und Vanilleschote längs halbieren. Vanillemark herauskratzen. Gewürze mit den Säften, Zucker und Nelken vermischen und langsam erhitzen. Bevor der Saft kocht, den Topf vom Herd nehmen. Amaretto einrühren. Zitrone heiß waschen, mit dem Sparschäler spiralförmig breite Streifen abziehen. Punsch durch ein Sieb in Gläser seihen. Mit je einem Stück Zitronenschale und einem Stückchen Vanilleschote oder Zimtstange garnieren. Dazu schmecken Mandelgebäck und Schlehenkonfitüre.

Pommern-Punsch

1/2 l Pflaumenwein
1/2 l Rotwein
1 Zimtrinde
125 g Rohrzucker
entsteinte
Backpflaumen

Beide Weine in einem Topf zusammengießen, Zimtrinde und Zucker zugeben. Unter gelegentlichem Umrühren bis kurz vor dem Siedepunkt erhitzen. Zimtrinde wieder entfernen und den Punsch heiß in Teegläser füllen. Mit einer Backpflaume am Glasrand servieren.

Alphabetisches Rezeptverzeichnis

*

Wir

empfehlen

die folgenden Anzeigen

Ihrer

Beachtung!

*

www.cittimarkt.de
CITTI
Lebensfreude
GENIESSEN!
> Sortiment mit über 75.000 Artikeln
> Riesenangebot an Frische-Artikeln wie z.B. fangfrischer Fisch, Fleisch, Obst & Gemüse, Molkereiprodukte
> Weine und Delikatessen aus aller Welt
> über 3.500 Bio-Artikel
> Kostenlos probieren - jede Woche neu
> Kostenlos parken - direkt vor der Tür
CITTI 24
Ihr Lebensmittel-Lieferservice
Einfach bestellen per Telefon: 01802 - 230 234
oder direkt unter www.citti24.de
CITTI - Ihr Markt der Lebensfreude im STRELAPARK Stralsund
Grünhufer Bogen 13 - 17
18437 Stralsund
Telefon 0 38 31 - 440 - 0

BAR
Hemingway
Montag bis Samstag ab 21 Uhr

Schweriner Hof
HOTEL
RESTAURANT
Neuer Markt 1
18439 Stralsund
Tel. 03831/288480
www.schweriner-hof.de
~ Entspannen & wohl fühlen ~
~ außergewöhnliche Küche genießen
mit regionalen Spezialitäten ~
~ Schweriner Hof ~
Hotel ~ Restaurant

Küchen Treff
Die Kompetenz in Küchen seit 1973.
Schöppich
Brandshagen · Am Buchenwäldchen 8
Fon 038 328 - 60 60
Schöppich hat Ihre Küche! · www.schoeppich.de

COOL STUFF
ABGEFAHRENES ZEUG
Du brauchst noch ein Geschenk, hast aber bisher immer daneben gelegen mit Socken, Parfüm, Schlips oder Pralinen. Kam alles nicht so richtig an. Geschenke müssen Freude bereiten und sie sollen neugierig machen. Deine Geschenke sollen den Beschenkten immer wieder an Dich erinnern.
Wir haben die Idee für Dich.
Komm nach Stralsund in die Langenstraße 5
Telefon 0 38 31 / 67 31 08
www.cool-stuff-stralsund.de
GEMISCHTES DOPPEL

Hoffmann-Druck
GmbH
WERBESTUDIO
OFFSETDRUCK
JETZT AUCH KLEINSTAUFLAGEN
KOSTENGÜNSTIG MÖGLICH
IDEE • MEDIENDESIGN • MEDIENOPERATING
CTP-BELICHTUNG • DRUCK • ENDFERTIGUNG
STRASSE DER FREUNDSCHAFT 8 · 17438 WOLGAST/MAHLZOW
TELEFON 03836 | 2747-0 · TELEFAX 03836 | 2747-19
info@hoffmanndruck-gmbh.de · www.hoffmanndruck-gmbh.de

Peter Hoffmann
DIE PILZSAMMLERIN
Ein Stralsund-Krimi

Peter und Katrin Hoffmann
BLAUZAHNS SCHATZ
Ein Stralsund-Krimi